向上管理

搞定领导拿结果

[美]
梅洛迪·怀尔丁
著

崔传刚
译

图书在版编目（CIP）数据

向上管理：搞定领导拿结果/（美）梅洛迪·怀尔丁著；崔传刚译 . -- 北京：中信出版社，2025.9.
ISBN 978-7-5217-7946-2

Ⅰ．C933-49

中国国家版本馆 CIP 数据核字第 2025QG9786 号

Managing Up by Melody Wilding
Copyright © 2025 by Melody Wilding
All rights reserved including the right of reproduction in whole or in part in any form.
This edition published by arrangement with Crown Currency,
an imprint of the Crown Publishing Group,
a division of Penguin Random House LLC
Simplified Chinese translation copyright © 2025 by CITIC Press Corporation
ALL RIGHTS RESERVED
本书仅限中国大陆地区发行销售

向上管理——搞定领导拿结果

著者：　　【美】梅洛迪·怀尔丁
译者：　　崔传刚
出版发行：中信出版集团股份有限公司
　　　　　（北京市朝阳区东三环北路 27 号嘉铭中心　邮编 100020）
承印者：　北京通州皇家印刷厂

开本：787mm×1092mm　1/16　　印张：20.5　　字数：210 千字
版次：2025 年 9 月第 1 版　　　　印次：2025 年 9 月第 1 次印刷
京权图字：01-2025-2467　　　　　书号：ISBN 978-7-5217-7946-2
　　　　　　　　　　　　　　　　定价：59.00 元

版权所有·侵权必究
如有印刷、装订问题，本公司负责调换。
服务热线：400-600-8099
投稿邮箱：author@citicpub.com

献给布莱恩，
感谢你让我们的每一天都充满欢笑与爱意。

赞誉

如何审视职场关系,并将潜在冲突转化为成长契机?《向上管理》一书为此提供了全新视角。通过一个个真实的案例以及清晰的框架,这本书将帮助你更好地解码上司行为模式,解锁你应得的职业成功。

——丹尼尔·平克,《纽约时报》畅销书排行榜冠军作家,著有《驱动力》《全新销售》《憾动力》

怀尔丁的成就令人瞩目,她将宏观洞见与具体建议完美结合,给读者献上了一份切实可行的职场指南。在阅读此书时,我就开始思考该如何将这些方法运用于我和同事及董事会成员的互动之中,我还特意为下属购置了此书,以帮助他们更好地与我协作。

——希拉·汉,哈佛大学法学院教授,《高难度谈话》合著者

卓越之作!怀尔丁的话术与策略为我们指明了一条职场进阶的捷径。

——格雷戈·麦吉沃恩,《纽约时报》畅销书作家,著有《精要主义》《轻松主义》

我们终于有了一本适用于所有层级、旨在揭示如何在组织中

影响他人的科学著作。这将是一部值得你反复阅读的职场宝典！

——塔莎·尤里奇博士，《纽约时报》畅销书作家，著有《坚不可摧》《洞察力》《可信赖的领导力》

这是一本关于职场关键软技能的巅峰之作。怀尔丁为我们提供了一份清新现代且易于遵循的指南，手把手地教我们如何运用诚信与情商驾驭职场关系。

——多利·克拉克，《华尔街日报》畅销书作家，哥伦比亚大学商学院高管教育课程讲师，著有《战略性耐心》

如果你时常对自己在职场中的定位感到迷茫，这本书将是你的一本必读之作。《向上管理》中充满了让人感同身受的真实故事以及实用话术和策略，是一份教你如何重掌职业主动权及自信争取个人诉求的关键指南。

——莉兹·福斯利恩，《华尔街日报》畅销书作家，《情绪的力量》和《情绪爆表时》的合著者

《向上管理》不仅是一本职场关系导航书，更是帮你夺回职业自主权的行动号角。

——西蒙·斯托尔佐夫，著有《适度工作》

熟练地进行向上管理是一项每个人都必须掌握的重要技能。

无论你是名职场新人还是新晋管理者，怀尔丁都是教你善用上级资源的最佳导师。

——瓦妮莎·范·爱德华兹，人类行为科学实验室创始人，畅销书作家

如何才能以周全的方式应对那些对职业走向具有决定性影响的艰难对话，并将原本令人焦虑和功利化的上下级关系转变为真正的合作伙伴关系？怀尔丁在本书中对此做出了精妙阐释。

——艾米·加洛，《哈佛商业评论·职场女性》播客联合主理人，著有《相处之道》

目录

引言 　　　　　　　　　　　　　　　　　　　　III

第 1 章 　对齐对话 　　　　　　　　　　　　　　1
　　　　　停止内耗，专注要务

第 2 章 　风格对话 　　　　　　　　　　　　　　25
　　　　　人各有异，泰然共处

第 3 章 　责任对话 　　　　　　　　　　　　　　61
　　　　　把握机会，不犯众怒

第 4 章 　边界对话 　　　　　　　　　　　　　　85
　　　　　设限有方，拒绝有度

第 5 章 　反馈对话 　　　　　　　　　　　　　　113
　　　　　直抒胸臆，无惧质疑

第 6 章 　人脉对话 　　　　　　　　　　　　　　141
　　　　　汇聚人脉，赢得支持

第 7 章　可见度对话　　　　　　　　　　　　169

　　　彰显成就，避免吹嘘

第 8 章　晋升对话　　　　　　　　　　　　　197

　　　避免树敌，巧妙升迁

第 9 章　薪酬对话　　　　　　　　　　　　　229

　　　谈薪有道，如愿以偿

第 10 章　离职对话　　　　　　　　　　　　　257

　　　体面道别，不断后路

结语　将知识付诸实践　　　　　　　　　　　277

　致谢　　　　　　　　　　　　　　　　　　　281
　注释　　　　　　　　　　　　　　　　　　　285

引言

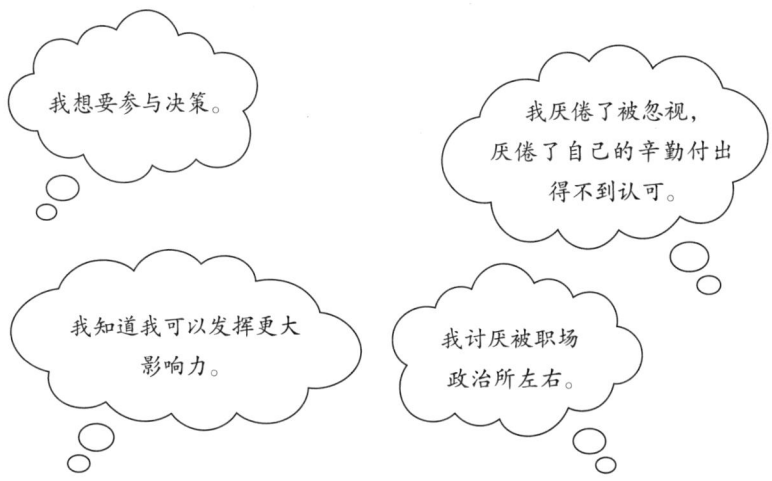

对于老板的各种苛责,劳拉早已习以为常,但她在职业生涯中从未遇到过像现在这样的情况。她所接收到的信息是如此矛盾,各项目标是如此难以捉摸。作为一名传播总监,她所面临的挑战完全超出了她的预期。就在几周前,她的顶头上司,也就是公司的首席执行官,还对她所负责的公司网站改版工作大加称赞。然而,就在前一天,他却把劳拉叫到一边,对她质问道:"怎么回事,你是遇到了应付不了的困难,还是本身能力欠缺,还是这两方面都有问题?"

两年半前,在一所大学担任公共事务主任的劳拉选择转型到节奏更快且没那么官僚的科技行业，跳槽加入了这家初创企业。起初，劳拉在产品传播经理的岗位上如鱼得水，她既能撰写引人入胜的产品白皮书，又能通过数据可视化工具来追踪营销活动数据，甚至在一次影响数千名客户的大规模软件崩溃后主动承担起应对媒体的危机公关工作。她充满干劲，机敏灵活，手下的一个五人小团队也被她带得有声有色，仅用了18个月，她就被提拔为公司的传播总监。

劳拉满怀激情地踏入了领导岗位，渴望能够尽快向新老板和同事证明自己。注意到首席执行官正忙于融资，她决定不去过多"打扰他"，而是主动担负起对公司网站的改版工作。在负责产品相关工作时，她就注意到普通客户并不喜欢技术术语，于是她要求公司网站和所有宣传材料都必须采用更贴近用户、通俗易懂的语言。

虽然工作兢兢业业，同事们也赞赏有加，但在面对老板时，劳拉却显得不知所措。头一天老板还会夸她新写的文案非常出色，甚至把它放到了商业计划书里；但到了第二天，老板又会质问她为什么把时间都浪费在了"低价值"任务上，没有专注于战略。当劳拉在即时通信软件Slack上向他请示时，他会连续几天都不搭理她，然后突然有一天给她甩来一堆要求。劳拉觉得自己完全搞不清楚老板到底想要什么……或许，她永远也摸不透他的心思。

她对自己失去了信心。她曾是一名出类拔萃的打工人，但现在，对于如何在这个新层级取得成功，劳拉显然毫无头绪。她投入了大量的时间和精力，期望通过推动重大变革以证明自己的价值，但这些举动似乎并未得到她职业生涯中最关键的人，也就是她的老板的认可。看着其他公司高管轻松地驾驭着自己的角色，她感到有些力不从心，同时又异常恼火。

劳拉的困境并非个例。过去几年间，认为自己对职业生涯、未来规划及职场关系缺乏掌控力的职场人士数量翻了一番，高达40%的打工人对职场深感生无可恋。[1] 十余年来，作为一名为世界顶尖企业专业人士及领导者提供辅导的高管教练，我对这种因为在职场中找不到自身定位而陷入苦苦挣扎的案例早已司空见惯，而自新冠疫情以来，这种职场迷茫感变得越来越普遍。这些事业有成的人往往会因此陷入反复的纠结之中：是该向他人分享困惑，还是保持沉默？他们因错失良机而陷入"我不够优秀"的自我否定之中。还有一些人则受困于办公室政治的牢笼，变革的缺失使他们倍感沮丧，缺乏透明度的决策流程令他们边缘化，沟通不畅以及同事之间的冲突摩擦更是让他们心力交瘁。从"如何让高层重视我的建议"到"如何在不丢饭碗的前提下表达与上司的分歧"，再到"为什么我明明很努力却总是得不到认可"，乍看上去，他们所面临的困境各不相同，但本质上，这些困境往往都指向同一症结：他们不懂得如何向上管理。

我将"向上管理"定义为战略性地处理与那些比你职位更高的人的关系。这是一项至关重要的技能，因为它能帮助我们认清职场中那些错综复杂的权力关系、沟通方式以及各种日常隐性规则，让我们的应对更加游刃有余。虽然向上管理的概念已经存在了数十年，但为了获得更深入的见解，找出更符合我个人实践的创新型工具，我还是对一个由1.2万人组成的多元化职场群体进行了调研，并与数十位潜在读者展开深度对谈（若你曾参与其中，请在此接受我的谢意）。[2] 我的调研结果从一开始就清晰地显示出，绝大多数职场精英都意识到需要向上管理，然而却鲜有人能掌握其精髓。他们明白，在现今的职场上，他们已无须对上司唯命是从，但他们仍不清楚如何能在不得罪他人的情况下保持在工作中的自由感和掌控力。

你之所以选择阅读本书，很可能是因为自身也遭遇了这方面的问题。即便已经拥有稳定的收入、体面的头衔等世俗的成功标签，但你内心中仍有其他的渴求。或许你期望职场中的沟通能够更加轻松平和，这样就能在更少的障碍与压力下完成工作。或许你想要在工作的方式、时间和地点等方面拥有更大的话语权，并期待能够更好地把握自己的职业发展方向。无论你有何种诉求，我们的目标都是把看似遥不可及的理想转化为触手可及的现实。

在以往的认知中，向上管理等同于无条件地取悦上司。这意味着你要埋头苦干、恪尽职守，毫无异议地执行指令，而且还必须善于拍马屁。这种模式怎么能不让人价值感缺失、进退失据？有些职场图书和文章总是在教导你，要用谄媚逢迎来换取上司青睐，你要想上司之未想，做他们肚子里的蛔虫，你还得通过加班加点工作来弥补领导无能所导致的缺失，但实际上这些都并非你的职责所在。部分管理者的确难以相处或做事缺乏条理，导致你很难和他们建立健康的职场关系。然而，人们在和上司相处时所产生的大部分压力与挫败感，其实都是可以解决的。这些压力和挫败感并非源自纯粹的无能或是恶意，而是因为上下级双方都缺乏如何有效合作的意识。

本书则提出一套更为现代和进取的向上管理方法。这种方法的关键，在于学会如何主动争取权益以实现个人的合理诉求。例如，你希望老板同意将项目外包以确保按时交付，或是期望能够实现异地办公，抑或想要营造一个可以畅所欲言的安全职场环境。

过去十年间，我身兼心理咨询师、人类行为研究者和企业高管教练等多重身份，为从初级管理者到《财富》世界500强企业高管在内的数千名职场人士提供了咨询服务。在我的帮助下，这些人学会了如何轻松驾驭职场关系以及如何自信地为自己争取权益。本书将精准传授如何运用情商管理、影响力塑造、说服力提升、谈判技巧等方法，让你在职场竞技中抢占先机。毕竟，如果缺乏对心理学的认知，职场以及其中的人际关系往往会如迷雾般令人困惑和郁闷。然而，一旦你破解了上司的思维密码，就能够像"开挂"了一样，顺畅地和他们展开合作。

掌握向上管理技巧的第一步是建立战略性和调查性的思维

模式。当你不再将上司简单定义为一名守门人或监督者，而是将其视为同样需要应对上级压力、干扰以及各种需求的普通人时，你就能解码他们的决策逻辑，进而找到与其沟通的最佳方式。这是你为争取个人权益而需掌握的一项关键知识。一旦能够清晰判断上司决策背后的恐惧与动机，你就可以更轻松地让他们认可你提出的意见和建议。一旦破解了企业的隐形规则和规范，你就能精准把握升职加薪的黄金窗口期。你想知道如何在棘手的谈判中精准出招，或是如何对某个项目做出完美的拒绝回应吗？本书都将为你提供相关的实战技巧。在本书中，你将学习到一系列出人意料但又经过事实验证的策略，它们将以前所未有的方式，将你每一次的向上管理转化为提升个人自信心和推动职业发展的契机。

　　你可能会问："为什么我还要向上管理？难道上司不应该把工作做得更好吗？"这种想法非常合理，领导者的确需要尽职尽责，企业也理应确保职场环境有益于员工的心理健康。但问题是：向上管理本质上并不是为你的上司减负，而是为了让你有更好的工作体验。咱们不妨换个角度想想：即便你与上司相处融洽，你也不应该满足现状，而是应该让你们之间的关系变得更好。与其将这个过程视为"额外付出"或"隐形劳动"，还不如把它看作对工作满意度的一种投资。不要纠结于"为什么我要向上管理"，真正的问题是"我为什么不抓住每个机会，让自己的职业发展更加顺畅"。

10 种沟通对话

那么，如何才能从将自己视为职场随意摆布的受害者，转变为一个能主动塑造个人职业体验的人，以让工作变得更充实、更轻松、更符合自己的节奏呢？答案就在于掌握"10 种沟通对话"。

后续章节将逐一解析这些你需要与上司展开的重要对话。这些对话并非一次性交流，而是会不断演进且需要你反复进行回顾的持续性沟通。有些对话是程式化的，比如你与上司每周例行的一对一沟通或年度绩效评估；有些对话则更为随意，比如你与同事在过道里的闲聊或与上司的会前简短交流。无论形式如何，每次对话都是收集有价值信息、建立信任和信誉，以及塑造你职场形象的良机。

这些对话都遵循递进逻辑，所以我们会从最基础的对话讲起，并逐步进阶至更高级的对话模式。不要担心记不住顺序，因为在现实生活中，各类对话往往互相重叠交叉。关键是你要将每次互动，哪怕是一次极为短暂的对话，都视为一次实践向上管理技巧并持续强化职场关系的机会。

第 1 章：对齐对话。我如何才能不再感到被四面拉扯呢？为什么我需要如此费心费力地去揣摩上司的弦外之音或者矛盾信息？我如何知道哪些才是我最应该关注的任务？在这一章，我将教会你如何提出正确的问题。这些问题既能帮你弄清楚你上司那些没有明确指出的需求和优先事项，同时又不至于激起对方的防备心理。通过专注于那些有助于促进职业发展的工作，你可以用更少的时间实现更多的成果，这样你就能省下更多的心力与精力，去享受工作之外的个人生活。

第 2 章：风格对话。为什么我的上司总会追逐他脑海中冒出来的每一个想法？他为什么对我这么不耐烦，是讨厌我吗？在这一章，你将学到如何破译上司的沟通风格和工作习惯，从而建立融洽的上下级关系，避免过度揣测。这样你就可以通过更具针对性的信息、演示文稿和电子邮件来获得应有的关注。你还会学到如何在赢得尊重且不惹恼上司的前提下表达自身需求。

第 3 章：责任对话。如何才能摆脱那些拖后腿的官僚主义或过度管理？如何在不过界的前提下提出并推进自己的想法？当你有了一个能够优化低效流程或抓狂问题的想法时，如何让上司和同事认可你的解决方案？请摒弃被动执行者心态，主动应对困扰你的职场症结和瓶颈。在这一章，你将学会如何"察言观色"，精准判断推动变革的最佳时机。你会学会如何制订和推介你的工作方案，并让你的上司或其他人认可你的计划。

第 4 章：边界对话。如果上司老给我派活，我该怎么办？如果我不接招，但把他们惹毛了，我又该怎么回应？本章会教你识别"过于好说话"的隐性成本，并学会巧妙而自信地说不。从应对敏感话题到以增进个人信誉的方式拒绝任务，本章将为你提供一系列实用策略和话术，帮助你建立起一道哪怕是最苛刻上司和同事也无法攻破的稳固边界。

第5章：反馈对话。我是该向上司吐槽那些让自己感到心烦意乱的问题，还是就这么算了？如果他们对我的反馈总是左耳进右耳出，我又该怎么办？本章将教会你，当上司缺乏远见或偏袒其他同事时，你该如何谨慎而有建设性地表达不满情绪。我会为你提供对话模板和框架，以便让你的声音得到聆听。我还会提供具体且不失含蓄的策略，让你的意见能得到采纳和执行。

第6章：人脉对话。除了上司之外，我如何确定还应该与哪些人深交？我如何在请求帮助或支持时免于尴尬？本章将首先告诉你关键决策者的通常活动轨迹，以及你如何能自然地融入其圈层，与其产生交集。然后我将教你如何能让那些有影响力的人愿意见你，更重要的是，你要学会如何以非功利的方式寻求帮助并增强对人脉资源的长期积累。

第7章：可见度对话。为什么我的辛苦付出总被忽视？如何能够在彰显个人成就的同时不让人觉得自己很狂妄？此刻的你可能正在错失提升自身形象和争取个人机遇的日常良机。只要掌握科学的叙事方法，并且能够以具有吸引力且权威的方式展示你的技能与成果，你就能改变这一现状。在这一章，我们还将探讨如何对付那些抢功劳的同事以及排挤你的上司。

第8章：晋升对话。如何为自己争取升职、参与重大项目或转团队的机会？如果上司阻碍我发展晋升，我又该如何应对？虽然没人比你自己更在乎你的职业抱负，但现实是，让个人目标与上司和组织的需求保持一致，才是让你在职场上取得进步的最好方式。在这一章，我将教你如何保持对齐，如何让上司认同你的方案，以及如何应对过程中出现的诸如准备是否充分和时机是否成熟之类的异议。

第9章：薪酬对话。我如何才能提出令人信服的理由以争取更好的薪酬？如果暂时无法获得加薪，我该怎么办？要求加薪绝不只是随便抛出一个数字，它是一场涉及隐形激励和潜在张力的微妙博弈。正因如此，你在本章中将了解到如何评估自己的价值以及如何获得上司对你价值的认可。即便加薪无望，你也不要担心。你还可以通过一系列创造性的策略来获得具有同样价值的其他福利。

第10章：离职对话。我如何判断自己什么时候该离职？我如何确保自己能够体面地退出？有时候，获得职业发展的最佳方式是换个岗位或者彻底换个公司。你离职的方式会决定别人如何记住你，所以在这一章，我会指导你如何一步步地完成离职交接事宜，教你如何应对那些尴尬的"我要辞职"时刻。即便你和上司最终不欢而散，我也有办法帮你维系个人声誉并保持住良好的人脉关系。

无论你从事什么行业、公司规模如何，也无论你是初入职场、想有个好的开始，还是已经在职场打拼多年，期望重塑个人形象，我接下来所传授的话术和策略都会对你有所帮助。嘲讽企业术语和职场黑话固然有趣，但只有学会在这种环境下得体地表达自己，你才能真正获得重视。在本书中，我将向你展示如何根据不同对话场景调整表达方式——何时应保持轻松，何时应严肃认真，以及如何在真诚与专业之间、坦率与克制之间取得平衡，把握分寸。一些工作场所和人际关系中充满成见，这早已不是什么秘密，因此本书也会探讨该如何应对不平等、偏见和歧视等问题。在整本书中，你将读到大量来自我的客户的真实案例，以及我对数千名读者进行调研后获得的见解，其中一些观点还会以活泼的形式出现在每章的开头。

夺回你的掌控权

虽然我建议按顺序阅读本书，但你可以根据自己的现实需求随意跳读。即使你无法将这些策略付诸实践也不要紧，只要你能从书中汲取个人所需，并从今天开始做出微小的改变，点滴的积累终将汇聚成蜕变之力。通过实践本书所述的方法，我的很多客户都取得了耀眼的成就，比如跳过中间管理层获得越级晋升，操盘价值百万美元的扩展项目，以及荣膺公司业绩之星，等等。但更重要的是他们于职业生涯中重新找回了主动权、独立性和话语权，这才是真正改变人生的关键。

正如你在本书开头所了解的，这正是发生在劳拉身上的故事。通过与首席执行官及高层领导开展的"对齐对话"（第1章），她成功升级了公司的企业级客户沟通策略，创建了一套企业演示流程，显著加快了新许可证的销售进程。当她通过"风格对话"（第2章）摸透了上司的沟通习惯后，劳拉不再将上司的简短回复视为不重视自己，转而采用更为简洁的汇报方式，如此一来，即使对方在外奔波寻找新投资者时，也能获得所需的反馈。"责任对话"（第3章）则促使劳拉主动提出创新方案，掌控项目执行情况，并赢得团队支持。虽然过程中不乏坎坷，但劳拉的蜕变非常显著，她很快成长为首席执行官最得力的助手和首席智囊。数月后，她兴奋地给我发来一封邮件，说因为对公司盈利所做出的实质性贡献，她将获得一笔6位数的丰厚奖金。更为重要的是，她还告诉我："我现在自信感爆棚，这种感觉是无价的。"

最重要的是，你将在本书中学到的一切，都将从根本上改变你与自己的关系。无论身处何种境遇，你都能把"为什么这种事总发生在我身上"的被动心态转变为"我能搞定"的主动姿态。是的，这需要全情投入，也需要时间沉淀。所以你也要问问自己：我是否做好了将"事情现状"改写为"理想状态"的准备？如果答案是肯定的，那么恭喜你，你已经站在了正确的起点上。让我们一同踏上这场改变之旅吧。

第 1 章 对齐对话

停止内耗,专注要务

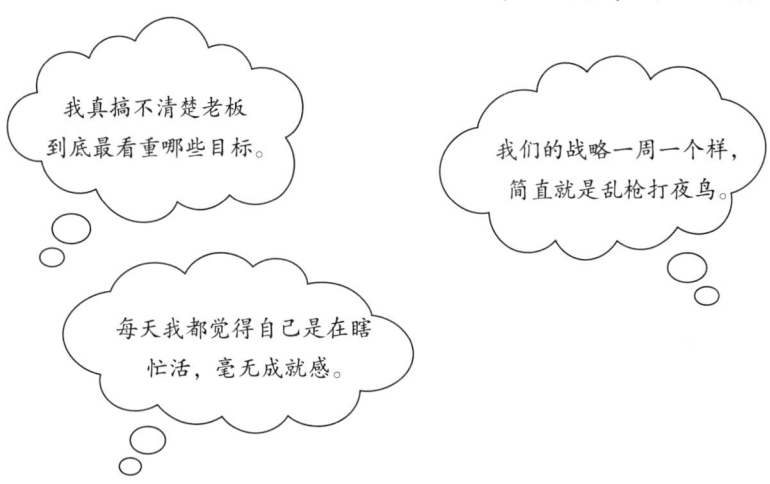

早上 8 点,当我加入电话会议并听到一个陌生的声音时,我就感觉到事情很不对劲。"嗨,梅洛迪,我是简妮。我来自外部人力资源公司。很遗憾,这次通话是要通知你,你的雇佣关系已被终止,立即生效。"我顿时惊呆了。当时我的上司也在线上,"我很遗憾。"他低声说道。

表面看来,对我的解雇来得毫无征兆。我当时在医疗行业工作,同时也在业余时间发展我的高管教练事业。在公司工作的两年里,我的绩效考核结果一直都很好,而且经常因为工作出色而受到表扬。但事后当我整理思绪时,我才真正看清整件事情的状况。当时公司招我来是为了让我负责老板的一项"个人心头好",一个不属于公司核心业务的创新计划。该项目虽然很有趣,但没有得到高层领导团队的支持,而且被视为一个烧钱的无底洞。

当时的我绝对是身处孤岛——我在曼哈顿的个人公寓里远程工作,而团队的其他成员则在波士顿总部办公。在那时,远程办公还不常见,也确实障碍重重,但最关键的问题是,我没有办法与同事交流互动。如果能做到和他们及时互通有无,我就不会不知道自己的工作其实早已远离了公司的整体目标。所以,当公司需要裁员的时候,我的职位就变得可有可无,而且几乎没有人愿意站出来帮我说话,或者把我调到他们的团队。

多年来,我一直对自己被解雇这件事讳莫如深。每当回想起职业生涯的这个不光彩开端,我都会想,真正有能力的专业人士是不会被裁掉的。如果我的同事和客户知道了我的这段不体面的隐秘经历,他们会怎么看我?但现在,在与全球数千名领导者和高管有过咨询合作之后,我终于意识到,我当年的狼狈离职并非源自天赋或技能的缺失,而是因为我没有主动与上司展开对齐对话。

对齐对话,就是要弄清楚你的工作该如何与公司的大方向保持一致,并确保你和你的上司能够就何为成功达成共识。即使你的上司没有明确地告诉你他们的目标和优先事项,本章也将帮助你破解他们的真实意图。你还将学会如何在不引发矛盾的情况下,越过你的直属上级,与更高层的领导建立联系。要想充分地讨论共识,我们就必须深入研究办公室政治,所以我还会教你如何分析职场中的权力动态，让你知道需要和哪些人保持亲近，以及当你被不断变化的优先级左右时或与一个控制狂打交道时该怎么做。

如果你从未和上司谈过这个话题，别慌！被解雇是目标不一致时可能发生的一种最极端后果。但是，如果你对公司的目标认知与实际情况存在巨大偏差，你很可能会感到情绪低落，充满挫败感。因为失去工作并不是没有进行对齐对话的唯一后果，你还可能发现自己被排除在重要项目之外。你也会持续怀疑自己的决策，或者因为未达到潜在的标准要求而反复调整工作内容。

对齐对话不仅是解读上司思维方式和优先事项的关键，更是确信自己工作价值的最佳甚至唯一途径。例如，在项目启动会上，不要只是点头表示同意，你可以主动提问："我注意到这个项目启动时间与Y项目推进期重合，这两者该如何协同？"这不仅能帮助你进一步理解上级的全面战略布局，同时也为资源争取打开通道。通过询问"我们处理这种棘手情况的理想方案是什么"等问题，你可以更好地知道上级心中的顾虑，这能够帮助你优化应对策略，避免踩雷。

我们之所以首先强调对齐对话，是因为这是提升你日常工作体验和改善职场人际关系的最快方法。对齐对话不仅能够为你的职业发展奠定基础（你将有机会参与重要项目，提高自己的可见度，并且争取到更多薪资），更能帮你减轻心理压力：你不用再为自己的工作表现而焦虑，相反，你会对自己的职责了如指掌，并确信走在正确的道路上。你也不会因为没能理解上司意图而做错事情，导致个人情绪受挫、失望沮丧。通过对齐对话，你可以将潜在的职场摩擦转化为相互理解，建立一致目标。

规划年度愿景

在与他人形成共识之前，你必须先知道自己想要什么。年度愿景可以帮助你确定个人愿望和抱负与团队或公司目标的交汇点，同时帮你发现两者之间的不同，我们将在本章和第7章中讨论这个问题，并讨论如何将一份普通工作转化为自己的理想事业。

现在请想象一下你在接下来的365天里工作状态最好的一天。当时你在做哪方面的工作？你在和谁打交道？你在这一天做了什么与众不同的事情，让你感到充实、充满能量？请使用现在时生动而详细地描述你到时候会做什么，以及会有什么样的具体感受。你可以利用以下提示来激发灵感，构建你的个人年度愿景。

- 思考哪些关键关系的改善将有助于提升你的工作满意度。这一关系在过去一年的发展情况如何？
- 假设你已掌握了一项对职业发展至关重要的新技能或工具，

这项技能或工具是什么？你是如何掌握它的？
- 考虑一个你想领导的关键项目。项目内容是什么？你需要为此与谁合作？该项目会对你的团队产生什么影响？
- 思考明年会发生哪些组织变革。你会如何积极主动地应对这些变化？
- 假设一年后你会给自己的导师或同事写一封信，你会和他们分享哪些令人兴奋的成就？

以下是一些关于年度愿景规划的示例，供你参考。

资源管理专员

当前： 我每天的工作就是回复公园游客和旅游公司的紧急邮件。我和上司的关系很紧张，因为我们总在忙于应付各种紧急情况。一年多来，我们始终没有机会谈论我的职业发展。

一年后： 我的职责中仍有一半是处理后勤管理，但另一半已转向为游客讲解公园知识，这才是我热爱的工作。如今，我和上司不再因日常事务发生冲突，反而经常共同策划创意方案，我们的关系得到了显著改善。

高校图书馆管理员

当前： 我把所有心血都放在了多元文化特色馆藏的策划工作上。虽然师生们都很认可我的努力成果，但管理层却对我的积极贡献没有给予足够重视或认可。

一年后：多位教授主动将我策划的特色馆藏融入其课程体系。由于我始终追求卓越表现，院长办公室主任甚至聘请我为大学咨询委员会的成员。

信息技术经理

当前：因为擅长大规模技术集成，我被同事称为"云大师"。但由于缺乏高层领导的支持，我总是碰壁，许多前景看好的项目始终处于停滞状态。

一年后：我与我们的产品主管和营销主管建立了良好的关系，并结成了强有力的联盟。他们充分信任我的专业判断，我也因此成功说服副总裁批准了公司史上最大规模的系统部署。该项目涉及上万名客户，我因此获得晋升。

在后续章节中，我们会时不时地提醒你回顾个人年度愿景，你可以借此进一步调整和完善你的职业规划。即使目标看似遥不可及，也不要过早地否定各种可能性。梦想还是要有的，万一实现了呢。

洞悉上司所想

你的上司事务繁忙，他们未必总是会主动透露其核心关切，所以你需要通过正确的提问来获得所需信息。哈佛商学院的研究表明，仅仅是提问这一行为就能显著提升别人对你的好感度，促进人际关系的融洽。[1] 你可以试着将以下问题融入你们的下一次一对一面谈或者日常交流。请以渴求的态度去聆听上司的回答。你的提问不应该让对方感觉像是在接受审问，另外要注意不要占用过长时间。针对不同的目标，你可以向上司提出以下问题。

明晰上司的目标和压力

- 您最关注哪些业务目标，为什么？
- 您会用哪些关键指标来对我进行考核，如何量化这些指标？
- 在团队或项目方面，有哪些问题最让您感到担忧？
- 整个团队应该关注并尽可能把握哪些新兴趋势？

锚定考核标准

- 我的日常职责与任务和团队/部门/组织的整体成功有何关联？
- 您会通过哪些具体维度来评估我的目标完成情况？
- 表现合格与表现卓越的区分标准是什么？在工作成果与产出方面，如何能超越您的期待？
- 在影响力和价值创造方面，您会希望我在未来 3/6/12 个月内取得哪些成就，为什么？
- 对于我这个职位的标准和要求，您还有哪些需要澄清和明确的地方？

厘清优先事项

- 您期望把精力更多地投向哪些领域？其中有哪些是我可以帮您减轻负担的？
- 哪些行动或改变会让您在季度回顾时感叹："哇，这些真的产生了很大的影响"？
- 我的事项优先级是否与您的行动优先级一致？您希望我做出什么样的调整，以便为您提供更有力的支持？
- 我们有多个优先事项，所以我想知道，X 项目与我手头上的其他任务哪个更重要？我应该减少对哪些事情的关注，把精力更多投向哪些地方？

如果你是第一次展开对齐对话，或者你和上司之间的关系一直不太好，那么贸然开启这一话题，很可能会让彼此都感到尴尬，所以不妨先用如下话术来进行铺垫："我希望确保我们在优先事项上达成共识，如果能就此沟通，将有助于我更精准地把握您的关注重点。"或是："最近我一直在思考如何让手头的工作更好地配合公司整体目标。如果我能更清晰地了解您的想法与期望，我不仅能够把自己的工作做得更到位，我们之间也可以减少沟通上的偏差。"

深挖关键信息

好的问题不一定总能换来有用的答案。上司和其他人一样，回答可能含糊、笼统或敷衍，尤其是当他们毫无准备、赶时间或压根儿没认真思考过这个问题时。例如，当财务顾问丽贝卡向公司的合伙人询问下一季度的目标时，后者生硬地回答说："增长是我们的重点，其他你不用操心。"虽然被噎得够呛，但丽贝卡仍然在深吸了一口气后追问道："我想更清楚地知道我们如何量化增长，这样我的工作才能有的放矢。您觉得哪些具体指标能体现您所说的增长？"随着上司透露了更多信息，丽贝卡继续问道："还有什么注意的地方？"这最终使她获得了推进工作所需的各项细节。请注意，丽贝卡一直没有问"为什么"。因为她发现上司已经产生了防御心理，问他"为什么"可能会让他觉得自己在受到攻击或者像是在被盘问，这会让双方都下不来台。[2]

另一个我常推荐的策略来自我最喜欢的书之一《掌控谈话》[3]。美国联邦调查局前国际危机谈判专家兼作家克里斯·沃斯建议，我们可以通过模仿或重复对方说的最后几句话来鼓励其透露更多细节或深度内容。例如，如果你的上司提到"我们需要专注于提高本季度的客户满意度"，你就可以用重复关键词的方式问他："客户满意度？"

"对，这是关键任务，"你的上司会继续跟你解释，"最近的反馈表明，客户对我们的响应速度不是很满意。"

这时候你又可以追问一句："不是很满意？"

"没错。我们需要提升响应速度，更快地解决问题。"

太棒了！现在你已成功找到了问题的根源，接下来你就可以主动去解决这个问题了（更多内容参见第3章）。

假设你通过重复关键词的对话方式发现上司本季度最关心的是如何降低运营成本，那你就应当相应地提高此目标的优先级别，比如你可以主动跟供应商协商更优惠的报价。你还可以在汇报中多放点和削减成本有关的案例和数据，以证明你确实在关注他们的痛点。重复关键词的对话方式还能帮你澄清误解或提醒上司关注那些被他们忽略的亮点。例如，如果你的上司误认为你的团队业绩不达标，你就可以委婉地纠正他："其实最新数据显示，我们团队的业绩比上个月提升了5%，不过您说得对，确实有些因素在拖累进度。"

除了能够解决问题，这种对话方式还有助于你更深入理解并认可你上司的立场，帮助双方建立更为融洽的关系。无论在什么情况下，这种积极的倾听都有助于增进友好关系，并让对方更愿意向你敞开心扉，积极对话。[4]

安排越级会谈

光对你的直属上司进行向上管理是不够的，你和上司的上司之间的面对面会谈也应该是你职场规划的一个关键组成部分。越级会谈不仅可以确保指挥链最顶端的人知道你是谁、你具备什么能力，还能帮你更全面地了解组织情形。不过，千万别急于与你上司的上司进行会面，你得谨慎行事。有些公司鼓励开放式沟通，而有些公司可能存在严格的等级制度。如果决定进行此类沟通，保持透明度是关键。你应当先和直属上司进行沟通，解释你的理由，并争取他们的支持。你要让自己的直属上司相信，你的意图并非越级或绕过管理层级，而是想增进自己对组织的理解，强化与公司战略的协同。以下是一些可以在你同更高级别领导沟通时提出的策略性问题：

- 在接下来的一年中，我们组织的战略重点是什么？您认为我们团队应如何配合支持这些重点工作的推进？
- 随着组织朝着长期目标迈进，有哪些即将启动的新举措或需要关注的变化？
- 根据您的经验，像我们这样的团队在与组织目标对齐的过程中，通常会遇到哪些挑战或阻碍？
- 我非常想知道您对我们部门／团队的愿景是什么。您认为我们应该如何发展壮大？您觉得我们应该聚焦哪些领域或技能，才能在行业中保持竞争力？
- 您能否介绍一下领导层如何评估我们团队的绩效？在衡量我们的业绩时，您最看重哪些指标或关键因素？

感到紧张是很正常的，但请记住，高层领导也希望了解一线的实际情况。要特别注意并深入挖掘高层领导和你直属上司所说内容之间的差异和矛盾之处（例如，"根据与我直属上司的讨论，我的理解是……这对吗？"）。会后一定要记得发送跟进邮件，感谢高层领导拨冗与你交流。如果你和高层领导承诺会跟进某件事,那就一定要说到做到。这能展现你的可靠性和对他们宝贵时间的重视。此外,你也可以主动和高层领导提出每季度定期会面的请求,并尽快敲定具体日期。

活学活用

在职场上,如何表达诉求往往与诉求本身同等重要。以下话术模板可直接套用,也可根据组织具体文化微调语气。

针对直属上司:

作为个人职业成长的一部分,我希望更全面地了解公司的战略重点和未来发展方向。与高层领导会面能让我更好地理解公司的整体目标,并将我的工作与团队的目标对齐。我这么做绝不是想要越级汇报,而是希望在得到您指导和支持的同时,也能够从您上司那里获得更多关于公司整体战略的背景信息。希望您能肯定我的做法,因为您的支持对我来说意义重大。

针对高层领导:

未来几周您是否方便?我想占用您 30 分钟时间,和您进行

> 一次面对面交流。我对您在 X 领域的专业能力和领导力深表敬佩，并一直渴望近距离学习。作为一名 XX 人员，深入理解公司当前的重点、挑战与机遇对我而言至关重要，所以，我希望能听听您对业务前景的看法，并得到您的指导和建议。同时我也可分享我在一线日常运营中的观察与收获。时间完全以您方便为先。

"话"外之计

形成书面记录

与直属上司保持对齐固然重要，但和同事的高效协同也是高效推进工作的关键。你是否经历过这样的场景：会上明明已经确定了行动计划，几天后却发现同事对执行路径的理解与你大相径庭？虽然信息分享看似只是一种加了包装的会议纪要，但这些简明扼要的会议纪要不仅能帮助高效团队锚定行动方向，还能巩固你作为信息枢纽的地位（这可是一种经过验证的职场权力来源）。如果你的团队在协同模糊的问题，那你完全可以借此机会主动站出来，成为引导团队制订行动计划或督促责任落实的领导者。

为了让信息分享的流程尽可能简洁，你可以创建一个模板，并将关键讨论点、已达成共识的行动项和截止日期等都包括进去。同时也要保持开放，积极向同事征求意见，以便尽早发现团队内可能存在的认知偏差。另外要注意，你不是在写一本伟大的小说，所以每个部分只需列出 3~5 个要点即可，切忌事无巨细。

大家好，为确保今日会议共识有效落地，现同步关键信息如下：

主要议题：

- 敲定项目启动时间表并预判潜在风险点；
- 第一季度数据表现诊断与优化方向确认；
- 客户参与度提升策略初步框架。

行动项：

项目启动时间表：

- 负责人：约翰负责与市场团队协调。
- 任务：确定最终宣传物料。
- 时间节点：3 月 15 日前。

绩效优化：

- 负责人：莎拉负责对客户反馈的审查。
- 任务：确定 3 个可立即整改的重点方向。
- 时间节点：3 月 20 日提交分析报告。

客户参与策略：

负责人：全员参与头脑风暴。

任务：汇总可落地方案清单。

时间节点：3 月 25 日召开落地会。

你们也可以轮换负责整理会议纪要，这样你就无须总是承担额外的工作量。你甚至可以借助"AI 笔记"应用来完成这项任务。

绘制权力图谱

并不是所有人都会在乎你，你也无须在乎所有人。这就是为什么在审视职场中的关键利益相关者、领导者、团队或影响力人物时，你应该始终问自己："我需要与谁保持一致？"当然，如果你与他人建立了真正的联结，那么这种关系就不应该受职位高低的影响。但在涉及职场政治的博弈时，绘制权力图谱则有助于你明智确定该重点经营以及忽略哪些关系。

准备一些纸张，按照重要性递减的顺序，将相关人员分配到以下四个类别之一。让我们以斯维特拉娜为例，她是一家香水公司的协调专员，其任务是为一款新香水争取到上市审批。

- **第一象限：高影响力，高关注度**。对斯维特拉娜来说，这一群体主要包括市场部、研发部和销售部的负责人。她与这些人的沟通频率和深度远超其他群体。她会定期征求他们的意见，提供详细的周报或日报，并主动让他们参与决策和头脑风暴。由于这些人是项目成功的关键利益相关方，且他们对项目成果有切身利益，斯维特拉娜会坦诚地和他们分享各种消息，以确保他们了解项目的进展和遇到的困难。

- **第二象限：高影响力，低关注度**。例如首席法务官或消费者保护局这类监管机构就属于该象限。虽然他们在公司政策和斯维特拉娜的计划中拥有很大的发言权，但他们并不关心项目的具体细节。斯维特拉娜会为他们整理简明扼要的月度或季度更新，并在需要做出关键决策时主动和他们联系。通过将参与度与其利益或组织目标挂钩，斯维特拉娜得以在避免产生过多信息干扰的情况下赢得对方对项目的支持。

- **第三象限：低影响力，高关注度**。斯维特拉娜的同事迈克尔和高度专业的配方科学家瑞秋属于这一象限。虽然迈克尔对项目充满热情，但作为一名初级员工，他的决策权有限，因此斯维特拉娜无须花费时间和他进行冗长的电话沟通，她只要通过非实时的电子邮件更新让迈克尔知情就行。同样，瑞秋的专业使其与该项目有着高度的相关性，但她作为独立贡献者缺乏组织上的决策影响力。斯维特拉娜会通过问卷调查的形式让瑞秋有机会提供建议，并主动提议将她纳入项目顾问组，这既让斯维特拉娜从瑞秋那里赢得了好感，也让瑞秋在组织中得到了更高的认可度。

- **第四象限：低影响力，低关注度**。在斯维特拉娜的案例中，这个象限包括正在休假的同事、外部供应商和其他团队的中层成员。她与这一群体保持着良好的私人关系，甚至每周还会与住在同一社区的一位研发同事共进午餐，但她会把主要精力都放在第一和第二象限。

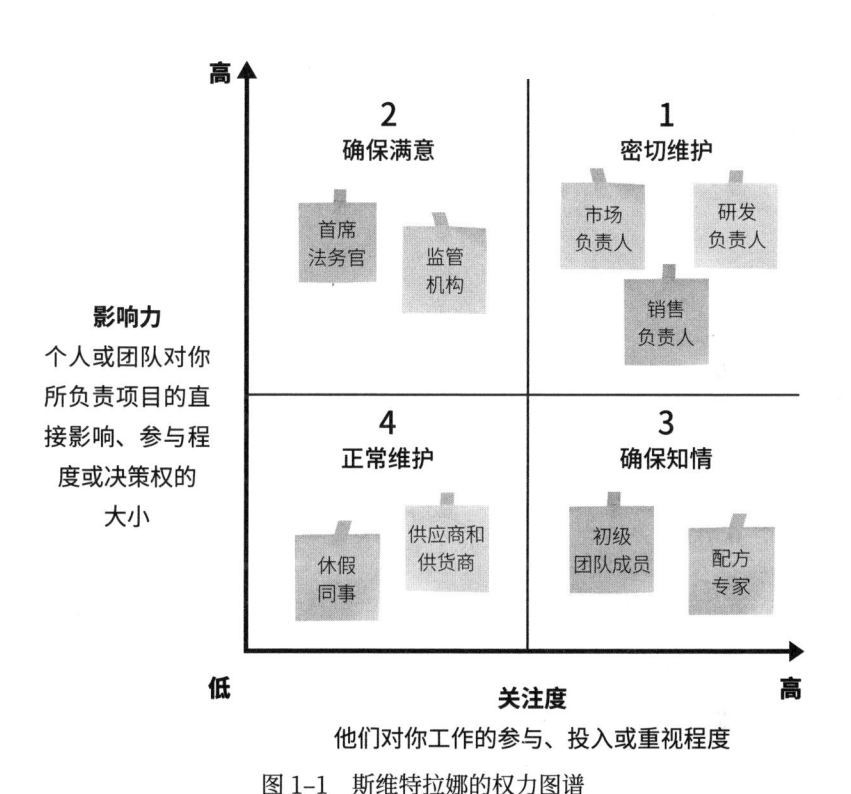

影响力
个人或团队对你所负责项目的直接影响、参与程度或决策权的大小

	2 确保满意	1 密切维护
高	首席法务官　监管机构	市场负责人　研发负责人　销售负责人
低	4 正常维护	3 确保知情
	休假同事　供应商和供货商	初级团队成员　配方专家

关注度
他们对你工作的参与、投入或重视程度

图 1-1　斯维特拉娜的权力图谱

权力图谱的价值在于其时效性，因此请每半年更新一次，以反映同事的关注度或影响力变化。记得要随着形势的发展相应调整你的策略。

随机应变

如果你的上司是个控制狂

我们在职场中难免会遇到那种事无巨细地进行审查,并要求所有事项都需经其批准的上司或同事,和这样的人一起工作的确让人抓狂,但请不要绝望。以下是一些应对控制欲很强的管理者的方法:

- **先拟方案初稿**。与其花费数天甚至数周的时间来雕琢完美方案,不如先做一个粗略初稿,而且你可以这样对他说:"这是我初步整理的框架,细节尚待完善,但我觉得还是应该先把核心思路和结构确定下来,接下来我们可以继续对其进行打磨。"你的上司会很乐于参与进一步的谋划,而你也能因此节省下不少的精力。

- **强化对方权威**。你可以使用"最终决定权在您"或"我先抛砖引玉,请您拍板"等话术来突出你对上司权威的认可。尽量以提问的形式来表达自己的想法,比如"如果……会不会更好?""我们是否可以考虑……"。这种提问式沟通能增强对方的控制感,在心理学中,这被称为"问题 – 行为效应"[5]。

- **超量信息共享**。你可以每周一都向对方发送一份详细的本周任务清单;如果开会迟到,记得一定要提前发信息报备。虽然略显烦琐，但提前分享这些信息既能满足你上司的控制欲，又能为你节省事后的解释成本。例如，"为让您及时掌握进展，我已向您发送了一份包含最新动态的周报。""确认按 X 方案推进，如有调整，还请在周五之前告知。"

- **预先征求反馈**。你可以这样主动跟上级汇报："我计划用这种方式处理 X 项目。您有什么初步意见吗？"当你的上司提出修改意见时，你可以使用经典的"是的，然而"这一即兴回应技巧。先对上司的观点表示认可（"是的"），然后再补充你的观点或建议（"然而"），这样你就能够在接纳其反馈的同时巧妙地表达你的主张："是的，我理解邮件需要更简洁，然而我认为添加一个简短的背景说明会更便于大家理解，尤其是对于那些不太熟悉该项目的同事。"

- **主动寻求肯定**。你也可以试着告诉上司你非常希望得到他的认可："我很乐意听到改进的建议，同时，我也需要知道自己哪些方面做得好，这样我就能进一步扬长避短。您是否方便告诉我，您觉得我有哪些做得好的地方？或者您觉得目前还没有提这个的必要？"

如果任务优先级互相冲突或频繁变化

你是否感觉自己在玩一场永无止境的打地鼠游戏？要么是上司在不断改变计划，要么是有多位领导在不同方向拉扯，要么是面临着跨职能合作伙伴的矛盾诉求，甚至你的整个组织都可能处于动荡之中。无论面对何种情况，你都可以尝试借用以下方法来稳住阵脚：

- **关注变化，找出根源**。当工作进展不如意时，人们很容易将问题归咎于自己，但事实上，任务优先级的频繁变动通常都不是你造成的。它或许是由市场波动、战略调整或者其他因素导致的，也可能只是由于高层决策缺乏重点或高层心存顾虑。总之，这既不能说明你的上司善变，也不代表你的工作能力有问题。

- **拒绝闪念，深思熟虑**。你的上司或许喜欢大开脑洞，每天一起床就会冒出上百个新主意，但你千万别急于行动。等到同一个想法被提及三次以上时，你再推进也不迟。你也可以创建一个"储藏区"来临时记录和存放上司的各种灵感。

- **放慢节奏，保持冷静**。当同事或上司提出一个新构想时，你别急于说不行，而是应该认真倾听。你可以对他的想法表示理解，并说："这个思路很有启发性，我会认真考虑。"你也可以尝试用委婉的提问将他们的注意力拽回到既定的计划之中，比如你可以说："你认为这个新想法如何能够与我们当前的目标相适应？"

- **对齐目标，求同存异**。尝试在相互冲突的优先事项中找到共同点或共同目标。是否存在大家都认可的核心目标或原则？通过对齐目标，聚焦共识，你往往能够找出一个尽可能兼顾双方利益的解决方案。

- **明确成本，调整预期**。与其互相指责或感到沮丧，不如尝试根据新的信息调整预期并寻找新的共识："这项新任务需要耗费 20 个小时，你能接受吗？"要让对方了解到潜在的风险："如果优先级发生变化，那么 X 项目将被推迟。"在评估所需投入之后，对方可能会重新进行决策，比如将某些项目延后甚至干脆取消。

如果你与上司完全不合拍

在极端情况下，你上司的愿景和目标可能与你的想法，甚至和整个公司的愿景与目标都差异很大。也许他们在推进一个与公司使命相冲突的项目，或者坚持执行你认为完全错误的战略。在后续章节中，我们将讨论如何建设性地表达不同意见、设定边界，以及如何在上司给你制造麻烦时继续推进工作。目前，你可以利用如下几种办法来尽力应付这种局面：

- **权衡取舍**。史蒂文是一名初级客户代表，他对上司过度强调电话推销这件事感到担忧。于是我建议他采取 70/30 对齐策略，即在最关键的优先事项和目标上保持 70% 的一致性，而对于剩下的 30%，则不用过于纠结。史蒂文觉得，既然他基本认同上司优先联系潜在大客户的策略，那么在具体执行方式上持不同意见也没什么，他甚至觉得这是一件好事。但我还是提醒他，要想清楚自己到底为什么和上司不对付，到底是为了公司利益还是因为个人偏好？

- **弥合分歧**。为了更好地理解分歧，史蒂文主动找上司进行了一番交流："我注意到，我们对如何平衡短期销售和长期客户关系有不同的看法。您能否分享一下您的思路？您目前最优先考虑的是什么？"然后他提出了一个折中的建议："我们可以把一半的时间用来拓展客户关系，促进长期销售，另一半时间则继续用来搞电话营销。我们可以先试行两个月，然后看看效果，如何？"

- **用事实说话**。你或许可以通过提供切实的投资回报来让你的上司相信某些事情的价值。在上司的有限授权下，史蒂文组织了一系列有针对性的小型社交活动，用以深化与关键潜在客户的关系。几个月后，这一实验开始带来显著成效，客户的转化率和成交金额都大幅提高。史蒂文用实际成果证明了自己方法的合理性。

- **寻找同盟**。史蒂文与其他管理者闲聊，并和他们分享自己的行业观察："我们的团队在电话营销方面确实很强，但感觉这个行业正在推动基于许可的销售。您怎么看我们在这个趋势中的定位？"通过这种方式，史蒂文在没有削弱上司权威的情况下，收集到不少有价值的建议和不同观点。

在某些极端情况下，你甚至可以直接去找高层领导汇报你的想法和建议，但这么做是有风险的，所以要谨慎使用这种策略，而且只有在你与其他高管建立了良好关系之后才可进行尝试。

- **探索选项**。史蒂文的耐心得到了回报，上司最终同意他举办更多的社交活动。但并非每个人都会如此幸运。如果事情不成也先别着急跳槽，你可以先问一下团队内是否有岗位轮换或短期项目的机会，让你能够在其他领导手下暂居。你还可以寻找跨部门的机会，接触一下其他团队的领导。如果想要调岗，你就要先表达转岗意愿，并提出合理的转岗理由。你不能过分渲染和现任领导的不合，而是要强调这是基于公司需求与个人优势匹配的职业发展选择。

对齐并非一成不变，所以也永无终点。无论对你、你的领导还是同事而言，角色会变，优先事项会变，生活也会变。因此，将对齐对话融入日常——小到例行沟通和团队会议，大到每月或每季度的深度对焦——才能确保你与团队，尤其是与上司在多数事务上保持同频。本周不妨花点时间来规划你的年度愿景，这样你就能更清楚地看到你的个人目标如何与上司的目标对齐，并为整个组织的工作提供支持。你要将其视为你主动进行向上管理的路线图，而不要做一个仅知道服从指令，既不能推动个人职业发展，也无法为团队创造实际价值的唯命是从者。从"洞悉上司所想"那一小节选出一两个问题,并在下次和上司面谈时直接提出。最终,你会自然而然地将这些洞察融入你的日常工作和长期规划中。这种能力将成为你的一项优势,帮助你从原地踏步走向职业生涯的下一个阶段,并与团队一起取得更大的成就。

第 2 章　风格对话

人各有异，泰然共处

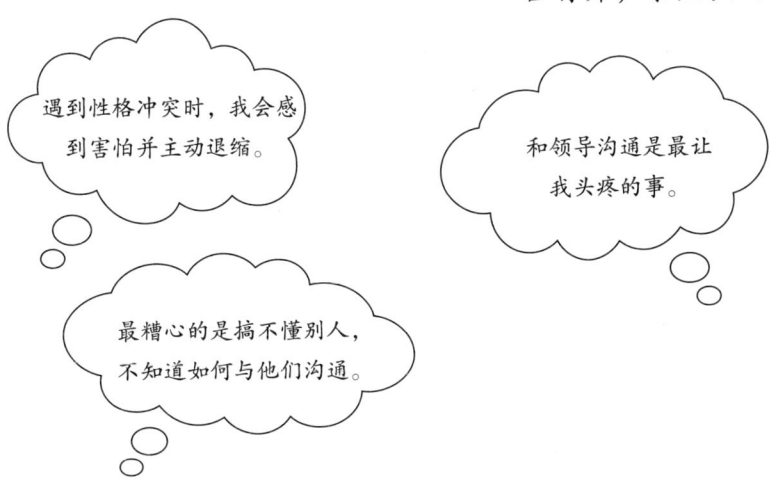

> 遇到性格冲突时，我会感到害怕并主动退缩。

> 和领导沟通是最让我头疼的事。

> 最糟心的是搞不懂别人，不知道如何与他们沟通。

这是一个关于两位土木工程师阿德里安和盖布的故事。他们同为一位叫瓦妮莎的老板工作。两个人同时以高级项目经理的身份加入这家建筑公司，虽然负责不同的建筑设计项目，但他们彼此关系密切、相互支持。他们甚至共享同一位高管教练，那个人就是我。

通过与阿德里安和盖布的交流，我对瓦妮莎也有了深入的了解。她极度强势，雷厉风行，崇尚快速决断。敏锐的直觉和出色的设计感觉很有利于项目的推进，但却在团队内部造成了人际关系上的摩擦。她要求下属必须跟上她的节奏，在必要时敢于对她提出质疑和挑战，发现问题时更要勇于及时踩刹车。盖布和阿德里安都从未与她这样的人共事过。

盖布经常因瓦妮莎的固执感到沮丧。"一旦形成了第一印象，她就一定会固执己见，坚持到底。"盖布一直在努力提拔他团队中的一名成员担任经理，这样他就能够腾出更多时间专注于战略性工作。"这个员工在一年前刚加入团队时表现未达预期，但经过我的指导，她现在已经非常出色。然而瓦妮莎却极力阻挠我的提议，她认为这个员工还不成熟，而且会对她的每一个小错误吹毛求疵。"持续的质疑让盖布对自己的领导能力产生了严重怀疑，"我现在都不确定自己到底行还是不行，做得对还是错。"

阿德里安则把与瓦妮莎的相处视为一种智力博弈。他逐渐明白，瓦妮莎并不会把他们之间的争论或交流当作私人问题。实际上，瓦妮莎非常欣赏阿德里安的积极回应，有时甚至会因为他的据理力争而改变主意。"即使她说不想听，"阿德里安说，"我也会跟她说，'给我两分钟时间，让我先把问题解释一下，并告诉你我已经尝试过的三种解决方案，然后你再提问题或讨论解决办法。这样可以更有效地利用你的时间'。有些时候，我甚至会更直接地跟她说，'瓦妮莎，这件事我必须让你知情，但我这不是在征求你的意见，也不是在请求你帮我解决问题'。"阿德里安这种更灵活的沟通方式让双方都受益良多。"她的风格确实让人头疼，但一荣俱荣，只有瓦妮莎成功了，我们所有人才算得上成功。"

风格对话是理解上司和同事沟通方式、决策模式、反馈习惯以及冲突解决方式的关键，这一点阿德里安已经有所领悟，但盖布尚未形成意识。如果说对齐对话（参见第1章）能让你破解工作伙伴的思维模式，那么风格对话就是一把打开团队协作方式的钥匙。风格对话首先需要不带评判地剖析你最亲密同事的性格和心理。当你能适应和调整自己应对不同的风格时（无论对方是强势且注重细节的上司，还是天马行空且关注全局的同事），你的诉求、观点和创意才更可能被倾听、理解和落实。

但风格对话不仅仅在于揭示别人的风格，清晰表达自己的偏好也非常重要，因为你不能总是保持沉默，却盼着别人和你心有灵犀。在风格对话这一部分，我们还将探讨如何设定他人对待你的基调，如何用清晰且周全的方式表达个人偏好，以及在遇到棘手情况时该如何应对——这种情况难免会出现，尤其是当你需要和一些难缠之人打交道时。

风格对话既不是要你盲目地迎合别人，也不是要别人必须适应你，相反，它会以充满技巧的方式来传达你的意图，表明你希望以更具同理心的方式与他人相处，并且也希望对方能以同样的态度回应你。你越早停止将分歧个人化并找到双方的共同点，就能越快与对方达成共识，同时加速问题的解决，减少麻烦和压力。

识别他人的风格

研究表明，人们在工作中沟通和互动的方式主要受两个关键维度的影响。[1] 第一个维度是支配性，指的是一个人试图控制局面或影响他人思想和行为的程度。第二个维度是社交性，它反映了一个人表达情感的意愿以及对人际关系和情感联结的重视程度。这两个维度的交汇形成了四种不同的风格，我将其称为"4C模型"，即指挥官型（commander）上司、啦啦队长型（cheerleader）上司、护理员型（caretaker）上司以及管控员型（controller）上司（见图2-1）。这一框架可以帮助你快速解读上司的行为逻辑，避免陷入复杂的人性泥潭。

指挥官型上司

为指挥官型上司工作时，你通常会非常清楚自己的定位和职责要求。这类上司行动力极强，但可能会压制你或他人的意见。由于其社交性较差，这类上司不会是你倾诉心声的首选。比起关注员工的情绪感受，他们更在意任务是否完成。这并非意味着他们缺乏同理心（尽管有时他们确实会忽视团队对情感支持的需求），只是他们更倾向于通过设定清晰、宏大的目标而非赞美或认可来展现对他人的承诺。在这样的团队中，你要做好适应快节奏工作步调的心理准备，因为这样的上司非常注重项目的进度和时间节点。

动机：结果、实现目标、控制、竞争、好胜
恐惧：浪费时间、无助、依赖、无能、失败
优点：自信、直接、果断、战略性思维、有责任感
缺点：缺乏耐心、不敏感、专横、爱批评、好争辩

动机：积极乐观、受欢迎、影响力、协作、尝试新事物
恐惧：被拒绝、不被认可、失去影响力、停滞不前、消极情绪
优点：开放、信任他人、乐观、充满活力、有远见
缺点：善变、肤浅、过度承诺、难以分清优先级、冲动

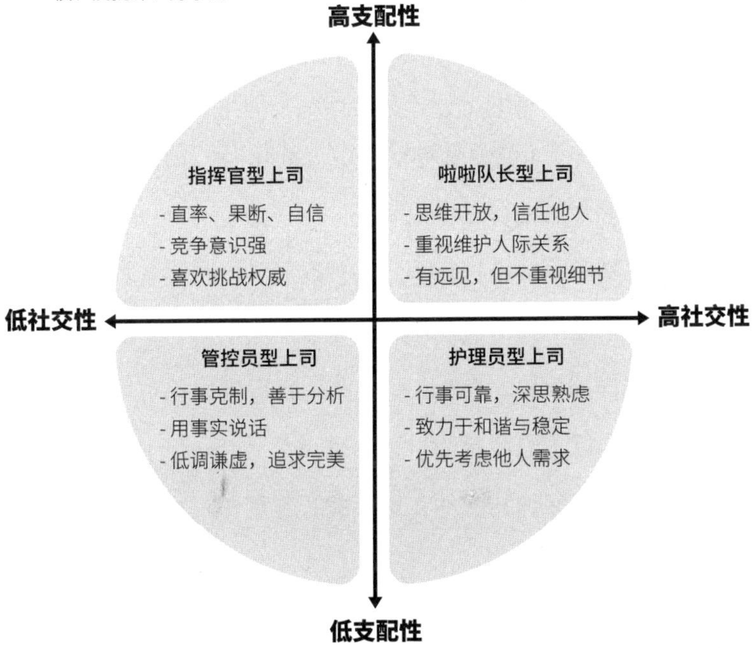

高支配性

指挥官型上司
- 直率、果断、自信
- 竞争意识强
- 喜欢挑战权威

啦啦队长型上司
- 思维开放，信任他人
- 重视维护人际关系
- 有远见，但不重视细节

低社交性 ←——————————→ **高社交性**

管控员型上司
- 行事克制，善于分析
- 用事实说话
- 低调谦虚，追求完美

护理员型上司
- 行事可靠，深思熟虑
- 致力于和谐与稳定
- 优先考虑他人需求

低支配性

动机：秩序、效率、自主性、准确性、持续改进
恐惧：不可预测性、混乱、随意性、脆弱性、犯错
优点：善于分析、有条理、自律、内敛、坚定
缺点：僵化、冷漠、苛求、缺乏创造力、不善于沟通

动机：和谐、稳定、社交、提供支持、获得认可
恐惧：被误解、不堪重负、变化、让他人失望、不被重视
优点：平静、富有同理心、耐心、乐于助人、可靠
缺点：过度保护、过于迁就、优柔寡断、回避冲突、规避风险

图 2-1 人际沟通和互动的 4C 模型

第 2 章 风格对话

当指挥官型上司有如下表现时，你可千万别太介意：

- **对工作百般挑剔**。指挥官型上司会经常质疑你的想法，但他本质上是在以压力测试的方式对方案改进优化，查漏补缺，而不是为了否定你这个人或你的工作能力。在遇到这种情况时，你一定要先放下防御心态，接纳上司的意见，然后再拿坚实的数据进行反驳："您指出的信息紧迫性不足问题确实很关键。我们采取这种处理方式，是因为我们的反馈调研显示……"（更多应对过度审视的技巧，请参阅第 1 章中的"如果你的上司是个控制狂"一节。）

- **不爱闲聊寒暄**。指挥官型上司视时间为一种不能浪费的宝贵资源。所以，为了展现对他们追求效率的尊重，你可以使用类似这样的表达："您时间宝贵，我直接说重点。""我就开门见山，以下是我希望讨论的重点。"如果他们只用"已阅"两个字来回复你的邮件，毫不关心你周末过得如何，你也不要觉得被冒犯。

- **忽视员工意见**。指挥官型上司通常不喜欢寻求帮助，因为他们不想显得无能或对外示弱。但他们确实欣赏自信和果断的态度，因此你需要有自己的想法，并且能够清晰地表达观点。可以试着用"我相信""我的建议是……""从我的角度来看，似乎……""根据我的观察，这样做是有意义的……""这是我的初步想法"等作为开场白来陈述你的观点。

- **选择性委派任务**。受失败恐惧和控制欲的驱动，指挥官型上司可能会过度依赖少数"明星员工"，而这会导致部分人负担过重，其他人则未尽其用。如果你觉得自己被边缘化了，可以通过"责任对话"（参见第 3 章）请求承担更多责任；如果你感到不堪重负，则可以通过"边界对话"（参见第 4 章）巧妙地拒绝。

更多针对指挥官型上司的向上管理技巧如下：

- 撰写电子邮件时，标题一定要直截了当（例如，"项目 X：需在 X 月 X 日前提供意见"或"第三季度预算审批"），并保持内容简洁。邮件结尾要有明确的行动指引，例如"请回复是否同意"，或者"请确认周五是否可行"。
- 指挥官型上司喜欢密切跟踪进度，因此要定期向其提供简要的项目状态更新，尤其是要突出目标进展以及为保持进度所做的各项调整。避免过多的背景铺陈。奉行"结论先行"法则，首先抛出你的核心结论或诉求。
- 突出你在结果、效率和有效性方面的贡献。例如，可以将"我解决了信息技术团队的工作流程问题，他们对此非常感激"换个说法，改为"我消除了信息技术的工作流程瓶颈，预计会将其任务完成率提高约 20%"。
- 在向上司提出建议时，要能够回答事关其价值和可行性的各种问题：投资回报率是多少？为什么我们现在要做这件事？竞争对手在做什么？有什么数据可以支持这一点？我们多快能完成这件事？

- 指挥官型上司欣赏坦诚，所以若有异议，应当尽早提出。比如，你可以说"我们可能对于这个问题有不同的看法，我觉得我们现在就应该先讨论一下，免得后续产生更多麻烦"，或者"我一直在思考您上周提到的内容，有些地方让我感到困惑。我们今天能否花几分钟再讨论一下？"

啦啦队长型上司

啦啦队长型的领导者通常是性格开朗、兴趣广泛的人际关系高手。他们善于表达，乐于分享故事和感受，通常精力充沛、积极乐观且热情洋溢。与指挥官型上司类似，啦啦队长型上司也重视快速行动，追求卓越，但他们更喜欢搭建关系网络和扮演"连接者"的角色，因此不要犹豫，请积极让他们帮你引荐新人脉，拓展交际圈。他们注重团队精神，专注于营造积极有趣的工作氛围，但有些人可能会觉得他们高能量、以团队为导向的风格有些让人难以招架。此外，啦啦队长型上司执着于维持表面和谐和宏观愿景，往往不愿意直面分歧和冲突，而这可能意味着你难以从他们那里获得预期中的细致反馈或具体行动指引。

当啦啦队长型上司有如下表现时，你可千万别太介意：

- **在最后一刻取消会议**。这通常是因为啦啦队长型上司需要处理的事情太多，所以他们得先和那些他们认为有影响力的人碰面。在这种情况下，你要主动重新安排会议时间，否则他们可能会在追逐下一个更重要目标的时候把你彻底遗忘。你可以尝试这样说："我理解您的时间很紧，但关于X项目的规划已经迫在眉睫，所以我会在您明天的日程上安排20分钟来讨论此事，除非您另有安排。"

- **频繁改变优先事项**。啦啦队长型上司喜欢提出各种新点子，并希望探索每一种可能性。他们的善变可能会让人感到沮丧，所以，当他们又冒出一个新想法或偏离主题时，你要温和地把他们引导回正轨。例如，你可以说："这个想法很有趣，我会记录下来，这样我们就不会忽视这个想法，等到合适的时候再讨论。"你要明确告知他们哪些目标是可行的，并将其与团队的工作能力和时间进度挂钩。比如，你可以说："为了按时完成任务，并保持您一贯追求的工作质量，我们应该把重点放在X项目上。"

- **反馈模糊，指令宽泛**。热衷于宏伟目标和愿景的啦啦队长型上司更喜欢给予下属精神激励，而不是提供具体指导。他们通常会认为下属可以自行补充细节，或者担心太具体的指令会限制下属的创造力。所以，若收到了上司的模糊反馈，你不妨深入追问一下："在您心目中，这个项目怎么才算是做成功了？"另外，鉴于啦啦队长型上司有时候难以勾勒出行动的具体细节，你也可以主动提供一些备选方案，比如：

"我想确保 X 项目能够达到预期目标。这是我想到的几个方案,您觉得哪一个最合适?"

- **忘记跟进或落实**。啦啦队长型上司可能会对下属许下很多诺言,但却经常忘记兑现。在遇到这种情况时,你可以礼貌地提醒他们("关于这个项目的资源问题,我再跟进一下。您这边有什么新进展吗?")。你也可以向他们要具体的时间表("我们什么时候能收到营销材料?")。在开完会之后,你也要记得跟进("以下是本次会议纪要:您同意在周三前给我们提供 XX。")。

更多针对啦啦队长型上司的向上管理技巧如下:

- 打磨你的交付成果,尤其是那些要向外展示的内容。多花点时间调整报告格式或练习演讲。你的上司会感激你为维护他们正面形象所付出的努力。

- 多使用符合上司乐观心态的措辞。例如,"我认为有机会将这个项目提升到一个全新的高度。""在这一新趋势方面有很大的潜力可以挖掘。""如果我们这么干,我相信我们能取得更大的成就,甚至可能为公司树立新的标杆。"

- 通过强调哪个方向更受支持来引导他们做出最终决策。比如,你可以说:"团队中的大多数人更喜欢选项 A,因为……"或者可以说:"运营部门的共识是,这个方案是目前推进的最佳方式。"啦啦队长型上司非常看重他人的支持和认可。
- 在开会时既要保持专业性，又要表现出亲和力。不妨以友好的问候或分享相关故事来破冰。通过快速投票或轮流发言来保持大家的高昂热情。不要只强调自己的成绩，也要赞扬同事的贡献和成就。
- 通过"正向开场—导入关键议题—赋能收尾"的沟通方式来引出他们一直回避的棘手话题。这不是在奉承领导，而是希望以此让他们更容易接受接下来的对话，比如，"您在激励团队方面的能力令人景仰，我觉得如果我们能解决如下挑战，整个团队的表现将更上一层楼……感谢您愿意讨论这个问题。我对我们共同制订的下一步计划充满期待"。

护理员型上司

护理员型上司是耐心的和平守护者，他们会仔细倾听，并确保每个人都感受到关注和理解。他们以支持他人和为一切事务带来平和的氛围为傲。虽然与啦啦队长型上司一样具有高度的社交性，但护理员型上司更加低调且富有同理心。他们希望你能在他们真心的护佑下，毫无顾忌地表达想法、倾诉困扰。但与此同时，他们的优柔寡断也可能会拖累团队，尤其是面对需要快速行动和承担风险的快节奏或高危环境时。此外，如果护理员型上司休假或被其他项目牵扯精力，现有团队的工作可能会完全陷入停滞，因为他们不知道在缺乏持续指导的情况下如何继续前进。

当护理员型上司有如下表现时，你可千万别太介意：

- **频繁检查工作进度。**由于担心自己不被重视或无法满足团队需求，护理员型上司有时会过度介入管理，像直升机一样整天盘旋在你周围。更糟糕的是，他们有时候甚至让你觉得需要反过来安抚他们。遇到这种情况时，你需要委婉地表明你能够独立完成任务，不需要他们时刻盯着。你可以说："项目在稳定推进，但如果我有任何需要帮助的地方，一定会来找您。"

- **对工作和项目大包大揽。**你的上司可能认为自己承担额外的工作负担能够为你减轻压力，或者他们坚信自己才是最适合处理某些任务的人选。你可以采取如下方式来克服他们的控制欲：（1）提议其逐步放手，而不是一下子就让他们交出控制权，例如，你可以说："要不您先让我负责一部分工作？后续我们再视情况推进。"（2）建议从一开始就展开共同合作，例如，你可以说："我们是否可以先一起来做这个项目？这样您就能了解我的行事方法，同时也能确保一切都符合您的预期。"

- **未能为团队争取权益。**护理员型上司倾向于回避冲突，即使这意味着他们无法为团队争取应有的权益。你可以提供一些具体建议并帮他们准备好合适的措辞，这能够帮他们树立主心骨，减轻他们的表达疑虑。你可以这样说："您能在下次领导会议上提一下我们取得的成果吗？这将有助于让更多人看到我们的努力。为了方便您能够更轻松地发言，我提前梳理了以下几个要点。"

- **在最后一刻才向你透露消息**。为维持表面的平静稳定，上司可能会隐瞒重要信息，结果导致你措手不及。所以，与其被动等待，不如主动询问可能的变化。比如，"最近有哪些需要我们注意的变动？提前了解到这些信息将有助于我们更好地进行规划调整。""提前了解变化有助于我早点做好规划布局，所以如果有任何消息，还请您随时通知我"。

更多针对护理员型上司的向上管理技巧如下：

- 以柔和方式切入工作话题，而非直接进入正题。先从个人问候或轻松对话入手，例如，"希望您度过了一个愉快的周末！花展怎么样？"
- 在提出请求之前，要先提供背景信息并阐明你的理由。护理员型上司只有在全面了解了情况后才会做出决定。你可以尝试以下几种方法："在深入讨论之前，请让我先说明一下整件事情的来龙去脉……""以下是导致该情况发生的关键因素……""我想向您简要介绍一下我的思考过程……"。
- 相对于其他类型的领导，你要更早地向护理员型上司提出你的想法，因为他们的思考时间往往更长。要以提建议而不是下结论的方式陈述你的观点，而且要明确说明你的提议会如何影响团队情绪。最后可以用一个开放式问题来结束对话："团队最近压力很大，这似乎影响了大家的士气。也许我们可以尝试一下这个办法来增加团队凝聚力。您觉得如何？"

- 通过提供详细计划推动他们从犹豫不决转向果断行动。向他们保证你已经列出了步骤、识别了潜在风险，并知道如何应对这些风险："我深知深思熟虑的必要性，我们已经进行了充分的尽职调查。"

- 鉴于护理员型上司通常不愿意提出批评意见，你应该主动强调自己非常珍视他们的反馈和评价："请您诚实地评价我的表现，我不会有其他想法，因为我知道这些都是为了帮助我更快地成长。"

管控员型上司

管控员型上司关注细节、依赖数据，并通过在幕后默默推动流程来确保一切精准运行。事实、数据和流畅的工作流程才是他们最在乎的东西。他们逻辑缜密、精确严谨，希望以高度的准确性解决复杂的问题。他们往往是严肃且内敛的领导者，更注重优化现有的标准、规则和流程，而不太关注社交关系。对那些喜欢清晰指令并想明确知道下一步该做什么的人来说，这种风格的上司可谓理想之选。然而，管控员型上司有时候也会显得过于僵化和死板，尤其是在需要通过快速变化或大胆创新以保持领先时。

当管控员型上司有如下表现时，你可千万别太介意：

- **直接否定你的想法**。管控员型上司总是对新想法持谨慎态度，因为他们认为这些想法存在风险，可能导致错误。因此，你要将你的想法包装成对现有流程的优化，而不是彻底改变，你可以说："这是以我们当前系统为基础进行的改进……"或者"我们可以充分基于现有的做法，并通过……使其更加完善"。

- **要求多次审批或检查**。这并不是因为他们不信任你，而是因为他们认为通过多方位的审查才能确保达到标准。作为应对，在启动某项工作之前，你就应该询问："您认为这个项目需要满足哪些关键标准？我希望从一开始就符合您的期望。"此外，建议你进行一次简短的"预检"会议，以便提前发现问题："我们能在最终确认方案之前再核对一下吗？我想看看是否有需要调整的地方。"

- **期望你成为全能专家**。如果你的上司抛给你大量的复杂信息或烦琐文档，让你不堪重负，你可以将问题抛回去，让他们先明确各项任务的优先级："非常感谢您给我提供这些细节信息。为确保合规性，您认为哪些是我需要优先关注的关键点？"

- **总是和他人保持距离**。管控员型上司更注重效率而非人际关系，这有助于提升生产力，但也会让人感到冷漠。一旦你领悟了你的管控员型上司永远不会重视团队建设，也不会突然变成关心下属、询问你孩子情况的贴心导师，你就能把精力转移到其他人际关系中来满足这些情感需求。与他们交谈时要尽力避免提及私人问题，只谈论与工作相关的话题。他们通常会回避有关情感或团队士气的讨论，只关心任务和结果。

更多针对管控员型上司的向上管理技巧如下：

- 尊重他们对条理性和专业性的偏好，无论是在书面还是口头互动中都默认采用更正式的沟通风格。同时，严格遵守他们制定的系统和流程。他们重视秩序和可预测性，因此即使你认为另一种报告格式看起来更好，也要向他们展示你能够在他们既定的框架内完成工作。
- 平衡简洁与完整性。在邮件中使用项目符号或编号列表来表述必要内容，不要试图用密集的文字来对你的管控员型上司进行信息轰炸（他们可能会将冗长的文字视为无用信息）。你可以利用附录或附件来提供详细的细节内容，以便他们按需查阅。例如，你可以这么写："有关选项 B 的数据，请参见附件分析。"这种方式既简明扼要，又能确保信息全面。
- 管控员型上司喜欢用证据说话，因此你也要多使用数据和事实来争取他们对你的支持。向他们证明你能够在他们所设定的框架内独立开展工作。例如，在向客户交付某项成果之前，你应当先按照你上司所提供的质量检查流程进行逐一核对。

- 要通过正式会议反馈建议，不要搞突击拜访或临时讨论。要聚焦于可观察的具体案例，而非主观感受。要提出能够融入新体系或现有流程的改进建议。例如，你可以说："鉴于我们收到的邮件数量激增，我建议设置一个内部分类系统，按项目和紧急程度对邮件进行标记。"
- 当管控员型上司深陷细节泥潭时，你要用具体案例或情境来说明未能及时做出决策的严重影响。要通过统计数据或研究结果让他们了解那些容易被忽视的人为影响，例如某些决策对团队士气、离职率以及员工参与度的潜在或实际影响："我们的调查显示，当我们实施 X 措施时，团队满意度提升了 30%。"

虽然 4C 模型可以作为解读上司风格的一种有用工具，但一个人同时具备两种相邻风格特征的情况并不罕见。例如，一位护理员型上司也可能非常痴迷于结构和电子表格，表现出管控员型上司的倾向。虽然不太常见，但也不是不可能有人会兼具两种相反风格的特征，比如一个管控员型上司有时也会表现出啦啦队长型上司的特质。你不一定总是喜欢或认同上司的管理方式，这是人之常情，但如果有一天他们的行为对你或其他人造成干扰，那么仅仅说"他们天生如此"是不够的。归根结底,个人风格并不能成为一个人胡作非为的借口,在本章的稍后部分,我们将讨论如何适时地对这些有害行为发声。

关键是要保持灵活并善于观察,在了解上司性格偏好和行为特征的过程中不断调整和优化你的应对策略。即使你们之间的关系已经很稳固,也总会有继续改善的空间。这一点同样适用于你的同事。例如,伊莉斯是一家非营利组织的项目经理,她意识到自己在募款团队的搭档普拉桑特有着典型的护理员个性——更倾向于运用经过验证的募款手段,不爱尝试新方法。因此,当伊莉斯想说服普拉桑特为一项更具实验性的新项目筹集资金时,她重点强调了这项计划风险低、可预测性高,以及能维护与捐赠者关系的特征。通过量身定制沟通方式,伊莉斯不仅做到了与普拉桑特的和谐共处和相互容忍,更让他感受到了充分的理解和尊重。

创建你的"自我手册"

你已经识别了上司的沟通风格,接下来让我们深入地反观自身,并创建一份我称为"自我手册"的内容。即使你不会和上司或同事明确分享这份手册中的内容,这项认知练习也能帮你更好地认识自己,为你带来颠覆性的自我提升。例如,你是更偏向于通过图像、文字还是口头交流来接收和处理信息?在做决定时,你是更依赖数据和分析,还是直觉和经验?你是更适应集体头脑风暴，还是个人深度思考研究？你对这些问题的回答将使你更清楚地了解你如何才能发挥出最佳水平，这样你就可以巧妙地引导人际关系朝着你想要的那个方向发展。

了解了你自己的风格，你就可以更容易识别工作中的困扰，并找到相应的解决办法。例如，如果你喜欢通过交流获得灵感，而你的工作场所却依赖邮件沟通、缺乏互动，你就可能会感到压抑和受限。意识到这一点后，你可以采取积极措施来解决这个问题。比如，你可以通过线上的非正式互动来满足你对即兴创意讨论的需求。如果你更擅长直接明了的沟通方式，你就应该提前让你的护理员型上司知道你更喜欢收到有具体示例的书面反馈，这样你就能避免收到模糊不清和过于兜圈子的评价，更不会因此感到困惑或不知如何改进。

认识自己的重要性绝不限于此。一旦你的上司了解了你偏好的沟通方式，他们就能最大限度地激发你的潜力。他们无须猜测就知道你最适合从事哪些任务，也能更好地避免和处理与你的分歧。这是一种双赢：你得到了所需的支持，他们也发现了一个更好的你，他们的领导能力也因此得到了彰显。人类大脑天生就喜欢节约能量和精力，[2]这就是为什么许多领导者告诉我，如果员工能够坦率地告诉他们自己适合哪种管理方式，他们也会倍感轻松。一位工程经理告诉我："我喜欢我的团队能够主动告诉我他们最适合的工作方式。只有他们告诉我这些，我才能知道如何助力他们取得成功。"

因此，请拿起笔记本和笔或打开电子文档，思考以下问题。

信息处理

- 我是更偏向于通过图像、文字还是口头交流来理解和记住概念？
- 在做决策时，我更依赖数据和分析，还是直觉和经验？
- 我更喜欢在会议中、通过邮件，还是在一对一交流中分享自己的想法？
- 在学习新事物时，我更受益于有不同观点的群体讨论，还是更喜欢先自己消化信息？
- 我希望以何种频率获得项目进展或状态更新？以什么形式、通过哪些渠道？
- 我喜欢以简明扼要的方式接收信息要点，还是喜欢通过深入理解来掌握细微差别？

任务管理

- 我喜欢持续深入的大项目，还是更享受短期高效的挑战？
- 我喜欢深入研究单一领域，还是更喜欢跨领域探索？
- 我喜欢循序渐进地完成任务，还是更喜欢灵活多线程地处理工作？
- 我喜欢哪些任务管理工具或系统？它们为什么适合我？
- 哪些因素能够促使我开启一项新任务，是外部截止日期、个人兴趣，还是其他？
- 在做决策之前，我是偏向于掌握全部信息，还是能接受一定程度的不确定性？

工作环境和时间安排
- 我通常几点开始工作，几点结束？
- 我每天需要和同事保持何种互动频率才能保持工作热情？
- 我在多大程度上需要不受打扰或专门的"深度工作"时间段来保持专注？
- 与在办公室相比，居家办公或远程工作对我的生产率和工作情绪有何影响？
- 除了早晨或晚上，一天中的哪些具体时间段是我的精力和专注力的高峰或低谷？
- 一天或一周中的哪些时间最适合进行某些类型的会议，比如头脑风暴、进度更新、一对一沟通等？
- 对于正常工作时间以外的工作沟通和任务，我的底线是什么？

反馈与冲突
- 我喜欢以何种方式接收反馈，书面、口头，还是私下交流？我有多看重具体实例和可实操建议？
- 我是更倾向于直截了当的反馈方式，还是更喜欢带有同理心的语气？
- 我是喜欢定期接受反馈，还是更愿意随时接受指导和建议？
- 面对冲突时，我是倾向于立即处理，还是更愿意先做反思和准备，然后再做应对？
- 在涉及团队分歧时，我是关注冲突的具体内容，还是更在意团队情绪和人际关系？
- 我如何看待自己在团队互动机制中的角色？我认为自己是调解者、倡导者，还是试图维持平衡的中立者？

用星号标记或突出显示哪些需求是"必不可少"的，哪些只是"偏好"。例如，一方面，你可能更喜欢在会议前提前收到问题，但这或许不是一件"非此不可"的事；另一方面，每周至少几天到公司现场办公以进行实时协作，反而可能成为你不容妥协的需求，因为只有这样你心里才会感到踏实。这能帮你明确提出需求的优先级与时机，同时厘清你该以何种决心推动某项需求的落实，我们稍后会更详细地探讨这些问题。我的建议是，伴随着你个人的成长、岗位职责的变动和组织环境的更迭，你应当每年都重新检查一遍你的自我手册，以保持其与时俱进，适应变化。

提需求要有选择，讲策略

如果足够幸运，你可能会遇到那种愿意就如何协作进行坦诚讨论的上司或企业。我的一位客户就是如此。她就职于全球三大管理咨询公司之一，每6~8周她就会被分配到一个新项目中，更换一位新上司。在这样的环境中，她会主动向上司展示她的自我手册，以让他们了解如何才能够挖掘她的最大潜力。这种做法大大加快了她融入新团队和建立信任的过程。我的这位客户之所以敢于如此坦率，是因为风格对话早已深深融入了这家公司的文化。

但在大多数情况下，你需要更有选择性和策略性地决定如何、何时以及在何处分享和主张自己的偏好，因为直接公开谈论这些需求并不是常态。将一份需求清单直接放在上司的桌上，绝对会被视为一种以自我为中心的行为，因此你要慢慢推进，见机行事。你可以从自我手册中挑选一两个关键点作为试探。先选择提出那些影响相对较小的需求，因为这类需求不会引发太大的震动，也不需要上司或其他人做出重大改变。例如，你的上司可能不会介意你整天戴着耳机工作，但你不能仅凭个人喜好就要求整个团队切换到一个新协作平台，这显然行不通。

如果你的上司曾经坦率地谈论过他的工作偏好，你在分享自己的偏好时也会减少压力："您在团队会议中提到过工作与生活平衡的重要性。我发现如果能够实行弹性工作制，让我可以早点上下班，我会更有效率，而且这样我也能及时去接孩子。您看我能不能调整一下工作时间？"你也可以通过以下方式更自然地提出请求：

- **与近期的成功经验挂钩。**"我们上次的交付成果不仅控制在预算内，还节省了成本，这得益于您提供的书面简报和定期沟通。这种结构化的沟通方式对我非常有效。您觉得我们在下一个项目中是否需要继续采用这种方式？"
- **预判变化或发展。**"由于下一季度我们的交付任务会增加，我计划每天至少留出一小时的时间专注于该项工作，以确保一切都能按时完成。从周一开始，我会将这段时间预留出来，除非您另有指示。"
- **将你的偏好作为问题解决方案。**"我注意到我们的一对一沟通经常会超时，导致我们接下来的会议都会延迟。制定一个清晰的议程表可能会有很大帮助。我们可以试着这样做吗？我可以负责整理制定。"

虽然直接表达自己的需求可能会让人感到紧张，但清晰的沟通能够减轻他人的工作负担和压力，从而让别人更加信任和喜欢你，尤其是在这种沟通直接服务于上司和团队的目标时。[3]

优化互动方式

分享你的工作和沟通偏好不仅仅是一种勇气的表现，更是一次心理交易。根据社会交换理论，人们总是试图在关系中最大化收益，并将成本降至最低，这被称为"极小最大原则"。[4]这意味着，一旦你的上司根据你的需求做出了微小的调整，并因此收获到积极的结果，你就有可能和他们展开更广泛和更深入的风格对话，让他们更有可能接受你进一步的请求。所以要将每次讨论都视为基于以往积极进展和显著成果的延续，比如，你可以说："我们已经看到了之前所做调整带来的积极变化，因此我希望我们能进行一次更深入的对话，看看如何进一步优化我们的合作方式。"

你还可以寻找一个自然的过渡点来引出这个话题，比如在新一年或新季度开始时，你可以说："现在已经是12月了，我正在为自己和团队制订明年的工作规划。如果能进一步了解您的工作方式，我相信未来我们会取得更大的成绩。我们能否安排一些时间来讨论一下？"你也可以在一个新项目开始时引入这个话题："我们还没有深入讨论过彼此偏好的沟通方式。为了更好地推进项目并及时向您汇报，我想知道您希望什么时候以什么方式接收进展更新，或者您更喜欢何种反馈方式。您愿意聊聊这个话题吗？"

时机成熟时，你也可以用类似下面的方式开启讨论："我们最近实施的一些调整，比如××措施确实产生了很好的效果。我注意到出现了××积极现象，这确实带来了很大的改变。看到一些小的调整能对我们双方产生如此大的影响，真是太好了。这让我想到，我们是否可以更加深入地优化我们的合作方式。我有一些想法，也希望能听听您的意见。您觉得怎么样？"

你可以主动向上司展示自我手册中的某个特定类别（例如，

"我非常希望就如何共享信息达成共识。"），你也可以聚焦于某个项目、客户或计划背景下的跨类别内容（例如，"咱们一起谈谈A项目吧，除了如何共享项目信息，我们还可以聊聊我未来三个月的工作安排。"）。认真倾听上司的想法，并尽力使你的偏好契合他们的目标、期望和现实约束。例如，你可以尝试提出以下一个或多个问题：

- 您对我提出的需求有什么想法？从您的角度来看，这里面有什么明显的问题或可见的好处吗？
- 您认为我们如何能在不大幅打乱当前工作流程的情况下整合这些想法？
- 您觉得我们应该优先应对哪些变动？您认为哪些变化会产生最大的影响？
- 您是否认为可以通过调整某些工作或沟通方式来帮助我们更好地合作？

虽然我们希望得到最好的结果，但并不是每位上司都会对这些对话做出积极反应。如果你得到的回应不够理想，可以采用以下一些应对典型反应的方法：

- **当你的上司显出不悦时。**"我的提议并不是为了质疑现有工作方式。但我注意到，当我有时间充分准备时，我提出的方案质量更高。我理解即兴讨论在某些情况下的价值，但我希望我们能找到一个折中方案，这样我能够更好地贡献想法。"
- **当你的上司犹豫不决时。**"我完全理解您对公平性的顾虑。或许我们可以制定明确的远程办公资格标准，并将其与特定项目或任务挂钩，这样就不容易被视为特殊待遇。"
- **当你的上司直接拒绝时。**"明白了，我们需要保持快速推进，实时反馈是标准做法。只是我经常因为匆忙而遗漏了细节。如果没有机会私下沟通，我们能否在一天或一周结束时抽出几分钟快速总结一下？这样我就能够更加明确您希望我改进的地方。"

灵活应变，而非盲目讨好

归根结底，与上司或任何其他掌权者进行风格对话的核心，就是要明确而坚定地表达你所需要的关键支持，同时也要认清他们在很多方面掌握着主导权这一事实。适应上司的风格可以帮你们建立融洽的关系，但其核心思想在于灵活应变，而不是盲目讨好。[5] 这意味着你要在保持自我的前提下适当调整个人风格，但也绝对不能为了讨好别人而彻底放弃个人立场或忽视自己的真实需求。

我们在第 1 章提到过，我们可以通过模仿或重复上司所说的最后几句话来深入探究其观点，这同时也能够让上司感受到尊重和理解，增加上司对你的信任感。你可以将这一技巧进一步扩展到肢体语言层面，在对话中使用和上司类似的举止、节奏或语言，这就像一种社交黏合剂，有助于增强你们之间的情感联系，并激活对方大脑中的奖励区域。[6] 我不是说你要像木偶一样机械地模仿他人的行为，那样会让人觉得非常怪异或像是在嘲讽。我的意思是你要观察和分析上司的沟通风格，然后有意识地调整你自己的表现方式，通过放大自己性格中与对方契合的部分来实现更好的互动效果。

恰如其分的灵活应变可以极大地提升你的沟通效果，并让他人感受到被理解。假设你是一名充满激情、勇于冒险的啦啦队长型员工，却有着一个护理员风格的上司。在试图说服上司采取行动时，你可以通过强调你的想法带来的积极影响，并采用激励性的语气来展现你一贯的风格。与此同时，你也要照顾到护理员型上司的风格，适当放慢节奏，给他们时间消化信息，并为他们留出提问的空间（例如，你可以说："在我向您提供更多细节之前，我们先暂停一下。您有什么顾虑吗？"）。

灵活应变还意味着用自己的优势填补他人的短板。比如，销售总监亚历克斯是一位典型的指挥官型上司，当他被指派与一个主要由管控员型成员组成的跨职能团队合作时，他很快意识到，团队对精确性的执着正在影响他们按时完成任务的能力。当团队面临关键抉择时，亚历克斯挺身而出，提供了直截了当的建议，从而避免了"分析瘫痪"，确保了项目按计划推进。而当出现未曾预见的挑战时，管控员型成员倾向于坚持既定流程，亚历克斯则愿意接受替代方案。这种灵活性通常能够节省时间和资源。

"话"外之计

保持警觉

没有任何一种风格的沟通能够涵盖人们工作的所有细节。观察你上司和其他领导岗位上的同事是如何与团队成员互动的，特别是要留意你团队中表现最出色者的行为，并尝试将其复制到自己身上。例如，他们是亲自去上司的办公室汇报，还是通过电子邮件沟通？他们是否经常使用某些特定的能够很好地引起他人共鸣的短语或语言？

同样，不要耻于向同事请教有关向上管理的成功经验。你很快会发现这些经验中包含许多共同点，而这些做法正是你需要持续学习和借鉴的。以下是一些问题示例：

- 在制定决策时，咱们的上司在参与或获取信息方面有哪些特定偏好？
- 在向上司提供意见时，哪些方法更能奏效？你是如何让这些意见被接受和采纳的？
- 上司有没有什么特别看重的不成文规定或企业文化细节？
- 在参与讨论或开会时，上司的哪些非言语暗示或肢体语言能体现出他们的关注度或认可度？

- 在向上司寻求更明确指示或说明时，如何才能保持自信而不显得优柔寡断？有哪些有效的技巧能帮我们获取所需的指导？

最后，请回顾一下你与上司的过往成功互动。在你看来，这些互动为何能取得良好的效果？认真思考这些互动的正式程度、信息的清晰度以及提供信息与寻求反馈之间的平衡度等。

解读"数字化肢体语言"

在今天的职场，大约有一半的工作时间会被花在数字化沟通上，[7]因此，观察作家埃丽卡·德旺所谓的"数字化肢体语言"并掌握其蕴含的微妙信号也变得越发重要。[8]这意味着你要关注并适应别人在以下诸方面的偏好：

- 使用表情符号或标点符号，如感叹号、句号、省略号以及全大写字母等。
- 回复时间及其与紧急程度或尊重程度的关系（例如，延迟回复是否等同于忽视对方？）。
- 对沟通媒介的选择，如电话、会议、短信等。
- 是否在消息中使用正式的开头和结尾，以及对全部回复和抄送功能的使用习惯。

伊曼纽尔是一名研究助理，他注意到自己的上司经常在邮件中使用项目符号，于是他也开始模仿这种写作风格。过了一段时间，伊曼纽尔问他的上司："我发现您似乎更喜欢我在邮件中罗列出要点。我没理解错吧？您希望我继续这样做吗？"他的上司回答说："是的，编号和项目符号能让我更容易快速浏览内容。"杰拉尔丁是一位重视条理的平面设计师，但她的客户主管却很随性。为了适应这位上司，杰拉尔丁在开会时会为对方预留更多空间，允许其自由发挥，这一做法使得双方的关系得到了显著改善。

随机应变

如果你拿不准上司的行为是怪癖还是危险信号

也许你的上司经常否定下属提出的想法，或者总是优柔寡断。也许他们很少甚至从未夸奖过你。如果你拿不准上司的行为只是一种令人讨厌的小怪癖，还是一个需要注意的危险信号，先别担心。稍后我会教你一些应对职场恶人的策略，而在第5章中，你还将学到如何巧妙地提供反馈，并让对方切实采取行动。

- **标记问题行为，而非给人贴标签。** 虽然很容易直接抱怨说"我的老板太差劲了"或者"我的领导根本连个事情都说不明白"，但请不要武断地下结论。不妨试着保持好奇心去了解一下情况，并假设对方是出于善意。如果你能揭示某些行为背后的历史、环境、需求、愿望或压力因素，你就能更客观地看待问题。

- **尝试调整工作方式**。如果你的上司对你所讲述的大量背景信息感到不耐烦，不妨试着先抛出你的核心观点。直奔主题可以防止上司失去耐心，从而减轻你们彼此的交流压力。但有时再多的调整也不起作用，这时你就需要采取进一步的行动了。

- **密切关注负面影响**。假设你的上司对新项目总是充满热情：这周还在强调创新，下周又开始要求削减成本。这种热情固然值得称赞，但却让你疲于应对，你不仅没办法按时完成工作，更满足不了他变幻莫测的期望。从长远来看，这种状况会对你和他都造成伤害。

- **观察他人是不是也遭遇同样的困扰**。如果是这样，那就已经从风格差异上升为一种需要解决的破坏性模式。我的一位客户因为她的上司拒绝更新一项过时的流程而感到非常沮丧。当其他团队也开始抱怨这位上司的僵化态度扰乱了工作流程时，她意识到自己必须站出来说点什么了。

- **权衡放任不管的代价**。如果这种行为再持续三个月、六个月或一年，它会对你的未来产生什么影响？也许你会意识到，长期为一个吝于赞美的人工作会损害你的心理健康。也许你发现上司的优柔寡断正在阻碍你按时完成任务，而这可能会危及你的职业声誉和发展前景。

如果你恰好遇到了职场恶人

难相处的上司与恶棍型上司存在本质区别,因为后者会持续践踏你的尊严(包括但不限于人身攻击、公开羞辱、以辞退相威胁、隐瞒信息、独占功劳、找人背锅、刻意偏袒等)。我曾为一家小型科技初创公司的首席执行官工作,他性情恶劣,总爱推卸责任,在开会时稍有不满就要吹胡子瞪眼。希望你永远不会为这类人工作(或与其共事),但如果不幸遇到了,不妨参考以下我在谋划彻底脱身期间所采取的短期应对策略(我们将在第 10 章中进一步讨论这个问题):

- **优先自我保护**。尽量减少与恶棍型上司单独沟通的时长和频率,或者改为通过电子邮件汇报(如果可能的话),这样既能避免面对面接触,还能留下文字记录。远离非必要的互动,比如走廊闲聊、共进午餐或非必要的社交活动。我当时就选择居家办公并增加外出拜访客户的频率,这样我就能远离办公室,避开首席执行官的暴躁情绪。
- **寻找安全场合**。找到那些让难缠的上司或同事不愿暴露本性的场合。若需与上司讨论敏感话题,尽量选择有他人在场的会议上进行,或者选择像办公室咖啡区这样的半公开场所。为了在公开场合保持个人形象,他们可能会在行为上有所收敛。

- **运用"灰岩"策略**。职场恶人，尤其是那种自恋型上司，往往喜欢通过挑衅言行来激怒你。应对这种情况的方法是采用"灰岩策略"，即让自己表现得平淡乏味且无情绪反应。我开始主动缩减与首席执行官的对话时间，并绝对不透露任何个人信息。在他发表针对我的讽刺性言论时，我绝对不做出任何表情反应，在开会时也避免与他进行眼神接触。虽然这样做可能显得有些刻意甚至冷漠，但最终他失去了针对我的兴趣，不再朝我发泄。

- **用幽默或怜悯应对**。虽然当下可能难以察觉，但大多数时候，一个人的过激反应更多是源自他们的情感不成熟，而不是因为你做了或说了什么。我的一些客户发现，将糟糕的上司想象成一个害怕的孩子会有助于他们缓解心理压力；另一些人则会把上司的恶语配上搞笑的声音在脑海中重播，这也能够减轻此类话语的杀伤力。

- **守护你的能量**。想要在下班后断联抽离，不妨尝试一下我设计的"背包练习"：在脑海中，把当天的压力装进一个想象中的背包，然后在心里把它卸下来，留在办公室的角落里。为了让这个练习更具象化，你可以在纸上画一个方框，把你的烦恼写进去，然后撕碎这张纸并将其丢弃——这象征着你已经放下了当天的压力。

虽然你可能会认为，与那些和你有相同沟通偏好的上司或同事共事会更容易，但事实上，多样化的团队比同质化团队更具创新力，并能取得更好的成果。[9] 学会如何与各种性格的人良好协作，不仅能让你的职场生活更加顺畅，还会为你带来竞争优势。希望你已经开始撰写你的自我手册，甚至已经开始与上司或其他人分享你的沟通偏好。如果还没开始，不妨先从观察自己的行为模式，以及上级和同事的独特习惯入手。通过掌握本章所探讨的人际互动细节，你可以有效地减少摩擦和误解，这意味着你将更少面对混乱，并且能够把更多时间投入有意义的工作。

第 3 章　责任对话

把握机会，不犯众怒

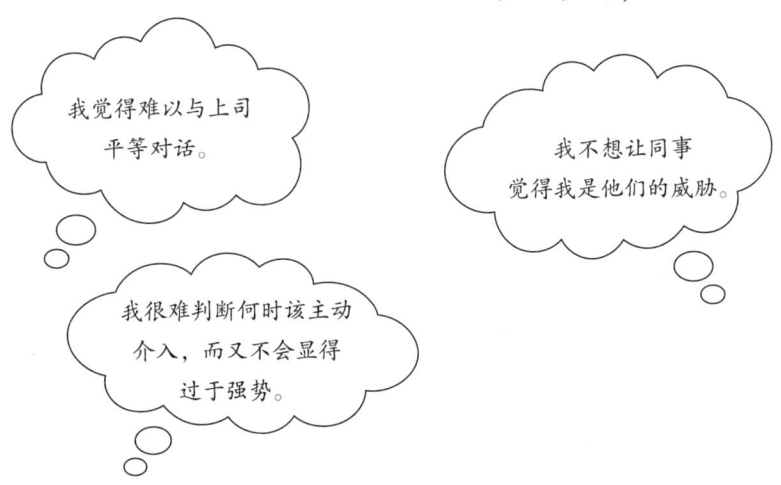

> 我觉得难以与上司平等对话。

> 我不想让同事觉得我是他们的威胁。

> 我很难判断何时该主动介入，而又不会显得过于强势。

圣子所在的医院已经被新冠疫情困扰了两年多。从医生、护士到圣子这样的辅助医疗专业人员，所有人都已精疲力竭。作为一名认证假肢矫形师，圣子每天都在长时间地为患者安装支具、夹板和假肢设备，但由于疫情积压了大量患者，她和同事们仍在加班加点以解决延误的预约和手术。

有一天，圣子来参加我们的辅导课程。她心情非常沮丧，因为有一个瓶颈问题正在导致患者承受不必要的痛苦。由于诊所没有独立邮寄地址，矫形器和假肢设备的包裹常被错送到其他科室，一连几天都找不到。对骨折、关节炎或行动不便的患者来说，这种延误可能会给他们造成极大痛苦。

"所有同事都抱怨邮寄问题，但没人愿意站出来解决。他们认为处理邮件是苦差事。"

"那你呢？如果你把这个烦恼变成一个机会呢？"我问道。这让圣子开始思考如何解决这个难题。

科室工作已超负荷，圣子意识到必须从小处着手。她意识到她的上司，也就是诊所的负责人可能并不知道邮寄问题的存在。于是，她向诊所员工发放了一份包含三个问题的调查问卷，询问他们：（1）是否经历过患者护理的延误；（2）如果是，延误了多久；（3）是否有相关的故事可以分享。调查结果显示，超过80%的人都遇到过邮寄问题。两周后，圣子收集到了9个关于这些问题对诊所产生负面影响的故事。

圣子的上司对此感到震惊，但因工作繁忙，他很乐见圣子能够牵头解决此事。不幸的是，在最初几个月，圣子遇到了来自医院管理层的阻力。疫情余波未平，新地址的申请需求显得微不足道，根本不受重视。尽管如此，圣子还是成功争取到了在月度跨部门会议上发言的机会，并展示了她收集的数据以及关于如何设立独立地址的研究成果。那次会议之后，管理层终于同意推进此事。

虽然审批流程耗费了一年多的时间，但诊所最终还是获得了专属邮寄地址。短短数周内，大量的好评开始在网上涌现，不仅带来更多医生转诊，还促进了诊所收入的提升。患者满意度的提升得益于圣子发现了一个值得解决的问题，赢得了大家的支持，并以主人翁的态度采取了行动。随着医院运营逐步恢复正常，诊所负责人开始让圣子参与更多战略性沟通，因为他见证了这位下属解决复杂事务的能力。

圣子发现，如果你只是被动等着别人赋予你更大的影响力或机会，或者指望工作中的困境会神奇地改变，你可能会等很久。主动对话则改变了这一点，让你能够解决那些阻碍工作效能、令你倍感沮丧的难题。这是一个让你能够发现并迎接挑战、提出解决方案并付诸实践的机会，这样你就能以更高的自主性完成更高质量的工作。比如，试想一位平面设计师，她总是被销售团队的临时需求所困扰。这些赶工任务不仅导致她交出的作品质量不达标，还一次又一次打乱了她精心规划的工作节奏。与其独自生闷气或向同事抱怨，她还不如选择与销售经理沟通，探究这些临时任务的根源。双方或许可以共同制定一个新的需求规划流程，设定更合理的时间节点。再比如，因为当前的系统低效老旧，数据分析师每周都要花费数小时手动更新数据图表。与其将这种低效视为常态并默默承受，他们还不如去研究自动化解决方案，并向上司提出建议。通过主动承担起解决问题的责任，并提出有说服力的变革方案，他们可以为自己节省大量的时间和精力。

当然，并非所有问题都能迎刃而解，有些问题也可能超出了你的控制范围，而且，并不是每位上司都会像圣子的上司那样积极回应。正因如此,在本章中,你将学会如何定位正确的待解决问题,争取上司和他人的支持,并采取阻力尽可能小的审慎策略。

或许你曾在工作中被告知要"安守本分",只需要机械执行指令即可,但实际上,根据世界经济论坛的《未来就业报告》,责任意识是雇主最看重的十大雇员素质之一。[1] 而且责任意识不仅对组织有益。当你身处一种以学习和真正享受工作为特征的"精进型氛围"时,你更有可能感到充实和满足。[2] 因此,责任对话是掌控自身处境的最佳方式之一。与其感到挫败、愤怒或被动应对所发生的一切,你不如主动说:"我不会被这种情况牵着鼻子走,我要成为一个破局者。"

识别关键问题

职场上从不缺乏亟待解决的问题。无论是简化繁复的流程、提出新品创意、引入培训以弥补团队技能短板、主动牵头化解跨部门冲突以推动审批、消除安全隐患,还是推动跨部门知识共享,可选项不胜枚举。但并非所有挑战都同等重要。因此,在采取行动前,我们应当先审视全局。最值得优先处理的问题是既能降低你自身工作压力,又能减轻你上司或其他关键同事负担的痛点。毕竟,能够解决他人的棘手问题,不仅会让你成为团队中不可或缺的战略贡献者,还能赢得决策者的关注和支持。

我们在这里列举了五个值得主动解决的问题类型,这些问题有的是战术性的,有的则具有前瞻性。看看你工作环境中长期存在的难题是否属于其中的某一类(见表3-1)。

表 3-1 五个值得主动解决的问题类型

值得解决的问题	自我思考	常见情境	负责任的行动
1 恼人瓶颈	哪些问题或低效环节正在引发困扰,并拖慢进度和降低生产率?	·审批、招聘或资源延迟 ·技术问题,设备缺失或损坏 ·流程仍依赖人工,数据访问受限	新员工适应时间过长,工作上手太慢。你主动承担起创建入职手册的任务,以优化知识传递流程
2 未尽之需	哪些未得到满足的需求、项目或优先事项被忽略或未能得到妥善处理?	·团队培训缺口 ·客户体验升级 ·满足新法规要求	当公司收购另一家公司时,你发现了一个需要填补的漏洞,并主动要求解决悬而未决的尽职调查事项
3 反馈模式	我们的团队成员、客户、合作方或相关利益方希望增加或减少哪些东西?	·会议过多 ·产品改进 ·知识共享障碍	在几位团队成员抱怨难以管理公司软件中的漏洞后,你设计并共享了一套电子表格跟踪系统
4 未来项目	当前有哪些正在推进的项目?我们如何提前布局?	·创建新系统或文档 ·预测、规划与需求评估 ·与利益相关者沟通	你的团队下个月将推出一个新网站,你提前准备了数周的博客文章内容
5 创新机会	我们如何重新构想、扩展或改进现有工作,以提升成果?	·战略合作 ·拓展新市场 ·开发新服务	在观察到组织内对专业技能的需求后,你提议与本地高校合作设立实习生培养计划

正如圣子的例子所示,虽然一些恼人的瓶颈问题和被忽视的

需求看似很容易解决，无关职位高低，但实际上却并非如此，因为比起引入新理念或创新举措，这些问题显得不够"光鲜亮丽"。而反馈模式、未来项目以及创新机会等问题，则因其对外部和对其他团队及部门的潜在影响，通常需要更加审慎地处理。

赢得上司支持

无论你认准了哪个值得解决的问题，主动承担责任都需要有足够的魄力来应对办公室政治、相互冲突的议程以及组织惯性（例如，"我们一直都是这么做的。"）。贸然提出或强行推动大规模变革只会引发不满，并被贴上"破坏者"的标签。然而，如果你每次想要突破职责边界时都要畏首畏尾地请求许可，你就永远无法取得任何进展，也无法向上司展现你的能力。关于责任对话的悖论恰恰在于：好的想法仅仅是个起点，唯有凝聚共识、化解阻力，才能真正推动变革落地。

预先说服，奠定基础

你在采取行动前的关键时期如何策划布局，将极大影响上司对概念的接受速度或你是否会遭遇本能抵触。"预先说服"是现代影响力之父罗伯特·西奥迪尼博士提出的一个概念，[3] 指的是利用心理学中的启动效应[4]，潜移默化地影响你的受众（包括你的上级、其他上级和同事）的认知与态度，从而使你的主动行为能够获得最佳的接纳效果。预先说服为你的提议奠定了基础，使初始改变和后续步骤顺理成章而不显突兀。

以下是预先说服策略在实际中的应用：

- **寻求同事反馈**。在建议引入新的沟通工具之前，先向同事征求对现有工具的看法，这样当你向上司提出建议时，会显得像是当前讨论的自然延伸。如果你正在推动一项远程办公政策，可以发送一份调查问卷，询问大家对灵活性现状的不满或期望，并以此为上级和同事做好接受变革的心理铺垫。
- **激发"错失恐惧"**：展示竞争对手如何通过类似方法取得了显著增长："我注意到 Y 公司最近优化了这一领域的流程，这引发了我对我们系统的思考。"或者将你的想法包装成稀缺或限时的机会，以激发大家的关注和紧迫感："我发现了一个可能稍纵即逝的机会……"
- **巧妙暗示思路**：暗示你一直在研究解决方案，引导你的上司更认真地考虑问题。比如，你可以说："我最近和市场部交流，了解到他们解决 X 问题的方法，我觉得我们可以从中借鉴。""我偶然发现了一些应对 Y 挑战的有趣解决方案，迫不及待想和您分享并听听您的意见！"
- **链接过往经验**：将新想法与过去的成功项目或熟悉策略挂钩，以降低不确定性。例如，你可以说："还记得去年我们自动化数据录入的效果有多好吗？我觉得我们可以用同样的方法改进报表系统。""受去年发布会成功经验的启发，我制订了年度会议筹备方案。我希望把今年的会办得和去年的活动一样精彩。"

- **触动痛点与激励点**：从消除干扰、压力、混乱（痛点）或提升生产率、清晰度或满意度（激励点）的角度来阐述你的想法。例如，在提议使用新的项目管理工具时，可以强调它每周能省去数小时的烦琐工作，减少压力（痛点），并留出更多时间用于创造性、高影响力的任务（激励点）。

- **融入共同价值观**：围绕公司的核心愿景或团队的使命宣言展开讨论。当这些内容在听众脑海中浮现时，顺势提出你的建议，并将其定位为这些价值观的具体体现："客户是我们的重中之重。部分客户多次反馈响应时效问题，为此我拟订了一个针对性改进方案。"

- **调动感官体验**：如果是发起一项健康倡议，请不要使用普通的会议室，而是选择一个舒适的休息室。柔软的家具、舒缓的背景音乐和柔和的灯光能够营造平静的氛围，让听众更容易接受新想法。在展示绩效里程碑时，可以使用人们攀登高峰或冲过终点线的图片来象征成就与突破。

提出可行的前进路径

为了让你和你的想法进一步脱颖而出，并提高其实际执行的可能性，请在提出问题时同步提出一个潜在的解决方案。即使是涉足陌生领域，一份翔实周密的计划也有助于展现你的专业能力。这不仅证明你能够剖析复杂状况，还能明晰你的意图，减少你上司的疑虑。

从小处着手，善用具有得寸进尺特性的"登门槛效应"[①5]。例如，一上来就提议对公司整个库存流程进行彻底改革可能会引发人们的抵触情绪。相反，你可以从一些容易被接受的微小改变入手，比如分阶段测试若干新功能。此外，你还可以建议先进行试运行，后续再评估是继续推进还是保持现状。

尝试使用 SCQA 框架来帮助你组织思路，使你的上司或其他人更容易接受并同意你的提案。这一框架包括以下四个步骤：描述背景信息（情境，situation），列举当前挑战或障碍（冲突，complication），提出你的假设或考虑的问题（问题，question），给出清晰简洁的答案或解决方法（答案，answer）。

- 情境。公司收入已连续两年下滑。市场部认为销售部门推广不力，销售部指责市场策略脱离实际。双方矛盾不断加剧，业绩持续承压。
- 冲突。部门间沟通几乎完全中断。销售团队开始自行制作

---

① 登门槛效应是一种心理学和说服策略，核心是通过先提出一个小的、容易被接受的请求，降低对方的心理防线，然后再提出一个更大的请求，从而提高对方答应的概率。这个概念最早由心理学家弗里德曼和弗雷泽在 1966 年提出。——译者注

宣传物料，市场部则认为自身工作价值被消解。这种割裂不仅影响了团队士气和工作效率，更是直接拖累了公司的财务表现。

- 问题。我一直在思考："如何让市场部门与销售部门重建共识？更重要的是，如何扭转我们的业绩颓势？"
- 答案。建议组织一场由两个团队代表共同参与的工作坊。此次活动的重点是增进理解，而非互相指责。我愿意主持并带领大家进行角色互换练习和情景规划。

虽然你可能需要一定的练习才能掌握这一框架，但随着你不断训练自己通过更具逻辑性和行动导向的视角看待问题及其解决方案，这种思维方式很快就会变成你的一种自然反应。

活学活用

以下话术按语气强势程度从低到高排序。请使用这些话术来提出想法，赢得他人支持，传递你的意图：

- 我注意到一个改进流程或项目的机会，您愿意听听我的想法吗？

- 如果以 1~10 分评估，您对采取一种新方法来处理任务或项目打几分？
- 您是否支持尝试这个新想法？我相信它能带来××好处。同时我也愿意提前打消您的疑虑。
- 我想确保自己没有越界。如果我向前推进这个方案，您会有什么顾虑？
- 我正考虑对流程或项目做一些调整，您有什么建议或需要我注意的地方？
- 这种方法在之前的项目中效果很好，您觉得它是否也适用于当前情况？
- 我已经评估了潜在风险，并相信我们可以通过××具体策略来管控，您觉得这样行不行？
- 您会反对我推进这个新想法吗？
- 我发现在某领域或流程中存在机遇，我计划牵头推进此事。
- 虽然是我在主导这个项目，但我非常欢迎您的意见和建议。
- 明确一下，我计划主导这个项目，非常希望能在接下来的工作中得到您的支持。
- 我对某问题或任务已经有充分的把握，并将全权负责此事。

> - 同步一下信息：我将负责某领域或某任务。
> - 我相信我能为某个任务带来积极改变，因此我会积极参与。
> - 基于我在某个领域的经验，我将主导某个任务的推进。
> - 为了抢占先机，我将全力推动此事。
> - 为避免出现重复努力，浪费时间和资源，我将全权负责该项目。

协同推进

采取行动只是第一步，真正的挑战和回报来自持续地吸引他人参与，并要让他们随时了解情况。这就引出了"透明操作"[6]的概念。未闭合的信息链会让大脑持续紧张，引发压力反应，进而导致焦虑和防御心理。[7]但如果你能主动和上司或其他同事分享工作进展，持续报告最新情况，你就能满足他们对掌控感和闭合感的内在需求。此外，当人们有机会提供反馈，哪怕只是能够见证事情的进展时，他们就会觉得自己是重要参与者而不仅仅是旁观者，而这也能够让他们变得更信任你，更有驱动力，更有满足感。

但需要警惕信息过载的风险。要根据受众的不同灵活调整你沟通策略的颗粒度。例如，你可以：

- 通过对比图来展示不同选项，并根据功能、成本和易用性等关键因素，明确解释为什么最终选择了某个选项。
- 创建一个实时更新的数据面板，任何人都可以随时查看关键指标。
- 设立一个实体进度条，既可以作为视觉提醒，也可以引发关于团队成绩和目标的讨论。
- 在每周结束时发送一封邮件，总结团队取得的成果、遇到的挑战以及下一周的计划。
- 在提交文件或报告时附上附录或边注，详细解释你的思考过程、决策依据或曾考虑过的其他方案。
- 组织模拟你工作流程的研讨会，让其他人通过亲身体验了解任务的复杂性和细节。

虽然你的重点是揭示行动背后的"方法"和"原因"，但透明操作能够通过公开讨论你的成就，让他人清楚地看到你的工作成果，从而为你获得更高的职场可见度奠定了基础（我们将在第7章对此进行深入探讨）。但要记住，应当给予贡献者应得的认可。你可以创建一个致谢幻灯片来突显关键贡献者及其扮演的角色，你也可以在报告中使用脚注或边注来标记那些为具体发现、创意或解决方案做出贡献的相应团队成员。另一种选择是使用颜色编码的数据图，以可视化方式呈现每个人的不同贡献。

"话"外之计

发挥个人独特优势

20世纪90年代末,当花旗集团和旅行者集团合并时,他们请到了保拉·谢尔及其所在的五角设计公司为新公司及其消费者部门花旗银行设计一个标识。[8] 在银行业高管描述合并的目标与挑战时,保拉随手涂画,仅仅5分钟后,她将一张餐巾纸递过桌子:"这就是你们的标识。"保拉在那一刻展现的自信、专业能力和才华,得益于她20年来专注于品牌塑造和创意实践的积累。

那些对你来说轻而易举的事情,正是你的优势,切勿因为它们似乎是与生俱来的就忽视它们。[9] 这被称为"无意识能力",即你对某项技能掌握得如此娴熟,以至于它变得像天性般自然。盖洛普的一项研究发现,每天运用自身优势的人,其拥有卓越生活质量的可能性要比他人高出3倍,工作投入度则高出6倍,就连工作效率也高出了近10%。[10] 请思考一下,你能毫不费力地从事哪些任务、进行哪类决策?撰写引人入胜的文案,就社区合作进行谈判,还是识别新兴趋势?把你的优势都记录下来,并在承担责任的同时寻找机会对其加以运用。同时,找到和你优势互补的人并与之展开合作。例如,你擅长倾听,善于从客户对话中捕捉关键信息,你就可以与富有魅力的演讲者搭档,将你的发现转化为引人入胜的叙事。

展现专业沟通素养

人的平均注意力持续时间不足 90 秒，[11] 因此在沟通时，迅速切入主题至关重要。如果你的提案冗长杂乱，你的上司、其他高层管理者甚至同事可能会认为你缺乏条理，思路混乱。相反，如果你能简洁地表达自己的想法，你就会显得专业和自信，更有可能获得其他人的重视。

以下是我珍藏的一些书面与口头兼可用之的简洁沟通技巧：

- 预先拟订 3~5 个核心论点，降低沟通偏离主题的风险。
- 在书面报告中加入执行摘要，使信息易于浏览并强化关键亮点。
- 使用项目符号和编号，将复杂概念分解为易于理解的模块。
- 将你的观点结构化为具体的柱状图、步骤或关键点，便于听众以及你自己记忆。
- 利用中心舞台效应①，将你的解决方案定位为三个选项中的中间项。[12]
- 用强动词（如分析、审视、设计、制定、实现、加速）替代弱动词（如给予、制作、做、获取、进行）。

---

① 中心舞台效应指的是人们倾向于认为位于中心位置的选项或人物更具吸引力、更重要或更优越，即便这种位置的安排是随机的或没有实际意义的。——译者注

在选择沟通媒介时，你要先问问自己：这个话题是否敏感或存在争议？书面解释是否需要超过 5 句话，并且需要大量邮件往复？如果其中任何一个问题的答案是肯定的，那就要尽量通过电话或面对面进行沟通。这不仅能在一定程度上确保保密性，还能让你捕捉到很多的非言语信号。处理紧急事务时也是如此。你需要实时交流、快速决策，以及富有人性的同理心触达。

在分享数据驱动型内容、技术性信息或未来需供查阅的资料时，你应选择详细的电子邮件、报告或备忘录，以便他人能够按自己的节奏消化信息。正式提案，尤其是需要上级、客户或供应商审批的提案，最好以结构严谨的文档或精美的演示文稿呈现，而不能只是画在餐巾纸上的草稿。同理，如果你的想法会影响到很多人，那就应该选择可扩展的沟通方式，例如举办全员大会、群发邮件或录制网络研讨会，而不能仅依赖口头传播。

随机应变

如果你遭遇了阻力

虽然某些行业正以迅猛之势奔向未来，但另一些领域，如政府机构、法律服务业及教育领域等，却似乎仍在固守数十年的传统操作方式，甚至以此为傲。虽然造成这种差异的原因错综复杂且难以厘清，但它们往往都根植于传统惯例、成本考量以及"这不是我们的行事方式"文化。但即使面对阻力，我们仍可以想方设法地主动承担责任。

- **运用"先大后小"策略**。虽然看似反直觉，但在预判会遭到直接拒绝的情况下，你应该先提出一个更大胆的请求。等到该请求遭到拒绝，你再提出一个更合理的要求。例如，当申请举办三天异地研讨会的请求被上司驳回时，你不妨接着问："那改为半天团建如何？"
- **鼓励辩论与异议**。人们之所以抵制变革，往往是因为他们恐惧未知或担忧工作会因此受到影响。不要将此视为一种消极反应，而是应该将其解读为他们关心自身及组织发展的表现。你可以举办一场"最糟糕想法"的头脑风暴会议，或者进行角色互换辩论，让同事为他们原本不认同的立场辩护。为人们创造表达顾虑和反对意见的空间，反而能增强团队的凝聚力与士气。[13]
- **争取反对者的支持**。主动提出和反对者合作，用诸如"我觉得只要我们群策群力，就一定能取得更好的成果"或"我认为通过技能互补我们可以变得更强。不如我们一起合作完成这个项目吧！"这样的话语来强调共同前进的重要性。
- **持续推动议题**。如果你的上司一再忽略你的建议，你要主动重启对话："我们有一阵子没讨论 X 了，但我一直关注此事。我们什么时候可以再讨论一下？"要坦陈消极反应的影响或者代价，并主动征求建议："我已经完成了我们讨论过的所有步骤，但进展的停滞导致出现了 Y 问题。如果是您，在这种情况下会怎么做？"

- **理性应对嫉妒心理**。如果他人因你施展抱负而感到威胁，你要意识到，嫉妒所映射的不过是他们未被满足的欲望，并不代表你做错了什么。你没必要为照顾他人的感受而贬低自己的成就，但也不妨尝试用真诚的赞美来化解敌意，缓解关系的紧张。比如，你可以说："我非常重视你对这次活动的看法。""我非常欣赏你对交付方式的看法，它改变了我的想法。"

如果你是个新手

如果你已经在一家公司或一个行业工作了一段时间，那么通往主动承担责任的路径可能会更容易或更清晰，因为你对周围环境已经有所了解，或者已经建立了一定的信誉基础。但如果你处于职业生涯的早期，或者是公司的新人，又该如何应对？除了本章目前已提到的策略，你在资历尚浅或职级序列较低时，还可以采取以下措施：

- **避免急于行动**。急于提出建议的做法可能会引发他人的疏离，所以要先花点时间摸清内部的决策机制。决策是取决于一两个人的意见，还是需要经过多方利益相关者的漫长讨论？以前的变革通常是渐进式的稳步改进，还是大刀阔斧的跃进？请注意，若领导层喜欢使用"敏捷"和"颠覆"这样的词汇，则可能意味着他们更愿意接纳你的果断改革建议；而像"稳定"和"谨慎"这样的词汇则可能意味着你需要在做事方法上更加周全、更具耐心。

- **明确个人定位**。任何岗位都需要服务于企业五大业务需求中的某一项。所谓企业的五大业务需求，即创新（开发新服务、研发）、维护（优化现有系统、注重效率）、增长（扩展规模、增加覆盖范围）、支持（促进其他部门的工作）与合规（遵守法律法规）。明确自己角色的目标，有助于你更好地评估该如何推动变革，以及如何把握变革的程度和节奏。例如，阿尔贝托是一名新入职的备考课程开发者，他的职责是简化公司现有的题库，因此属于维护这一类别。但在开始工作后，他很快发现公司的教学方法需要进行彻底改革，而改革工作属于创新类别。为了避免显得过于激进，他选择通过添加补充测验和记忆卡片等方式逐步引入新的学习方式。

- **积累速赢战绩**。在职业生涯的早期或刚入职一家新公司时，你本质上是一个未知数。你要争取在最初的3~6个月内取得一到两次的成功，迅速建立你的存在感和可信度。你的意见和建议将更有分量，你也更有可能获得更多的工作自主权。要选择那些可见度高、有影响力的项目。

- **巧妙探究问题**。使用欣赏式探询（即以关注优势而非问题导向的提问框架）可以巧妙发现目前公司哪些方面运作良好，哪些方面还有所欠缺。[14] 例如，你可以说："当我们执行 X 环节时，客户引导流程似乎特别顺畅。与其他环节相比，是什么让 X 如此高效？"你的上司或同事可能会无意中指出存在的不足之处，这就为后续提出更好的改进方案提供了一个自然的契机。

- **善用"我们"和"我在想"话术**。采用"我们"这一称谓有助于提升你的代表性，[15] 而"我在想"则能以一种非对抗性和探索性的方式提出观点，让他人更愿意探讨并接受你的想法。例如，你可以说："我们必须承认每个人为当前议程所做的出色工作。显然，这里面凝聚了大家的心血，而正是因为这一切，我们才能取得如此积极的成果。我在想，是否可以在此基础上尝试我的这个想法，以进一步优化我们的工作。这或许能帮助我们更好地应对挑战，抓住机遇，同时巩固和扩大我们已有的成果。"

如果你把事情彻底搞砸了

　　有时，责任对话意味着要为越界行为或犯错负责。在我的职业生涯早期，我曾在一家研究实验室工作，有一次，我不小心删除了一整个文件夹的数据，这些数据是花费了数月时间耗费数千美元才收集到的。当时，我根本不知道该如何处理这种问题，于是干脆选择逃避。几周后，我辞去了工作，仓皇而逃。你可以做得比我更好，而且事实上你也必须做得更好。以下是一些具体方法：

- **冷静评估损失**。仓促的解决方案有时会引发更多问题。先冷静下来评估一下：谁受到了影响？潜在后果是什么？你不需要对每一个小失误都大惊小怪，但如果涉及声誉风险、公司损失或其他高风险情况，你掌握的信息越多，应对效果就越好。
- **主动分享坏消息**。娜塔莉是一位运营主管，在多次警告无效之后，她将一名表现不佳的员工从其项目中剔除。这名员工指责娜塔莉对他实施了不公平的对待。面对这种情况，娜塔莉没有失态，而是克制情绪，主动向上司汇报了事情的详细经过，并告知他人力资源部门即将对此展开调查。娜塔莉说她这么做是有充分依据的，并承诺会全力配合调查。虽然上司对此感到沮丧，但他并不担心事态进一步恶化，因为娜塔莉已经掌控了局面。娜塔莉以主动分享坏消息的方式重塑了上司的认知，缓解了他的疑虑，同时也让自己掌握了主动权。
- **直面错误，切勿掩饰**。要真诚且直接地道歉："对不起，我把事情搞砸了"或"没有达到预期，这是我的失职"。当人们看到了行为背后的人而不仅仅是错误本身时，他们往往会更宽容。可以尝试这样表达："我听到了您关于这件事的担忧。我的本意是这样的……但现在我意识到产生了意外后果。""这件事对我来说是一个深刻的教训。我本来是想着能这样……但我发现在执行上确实出现了偏差。"

- **行动胜于言辞**。与其一遍又一遍地表示歉意，不如用行动证明你的诚意。如果这是在你专业知识和职权范围内的事情，就要主动去弥补修正。如果需要外部帮助，就去找你的上司沟通，等和他达成一致意见后，再向更高决策者提交解决方案。要将你的失误或越界行为转化为一次系统性改进的契机——你也许需要建立更清晰的沟通渠道，或者制定更完善的筛选标准。

- **暂时抽离调整**。如果有机会参与不同的项目或暂时与其他团队合作，不妨考虑一下。这并不是逃避，而是为了给情绪留出平复的空间。当你回归时，你就可以放下包袱，从头开始。

责任对话无疑能带来一些显而易见的回报，比如晋升、加薪以及让你在决策中拥有更大的话语权。但更令人欣慰的是一些隐性收益，比如同事的更多尊重，以及见证项目圆满完成时所体验到的满足感。就像圣子一样，我们在工作中都会遇到一些障碍，这些障碍或许已被我们视为日常性烦恼（甚至更糟！），但这并不意味着我们要接受现状。现在就写下让你和同事无法高效工作的三大困扰，然后再对照本章开头的列表，看看其中是否有适合你主动去解决的问题。

主导项目并赢得赞誉固然会让人兴奋，但也要警惕那些演变为精力黑洞却几乎没有回报的项目。要留意一系列的信号，比如目标不断变化，时间投入回报递减，以及因问题迟迟得不到解决而导致的持续挫败感等。及时在一个毫无进展的项目上止损是一种明智的选择，而不是失败的表现。在追求主动承担责任的过程中，也要谨防在无意中过度承压。在接下来的边界对话中，你将学习到如何在关键时刻说"不"。

第 4 章　边界对话

设限有方，拒绝有度

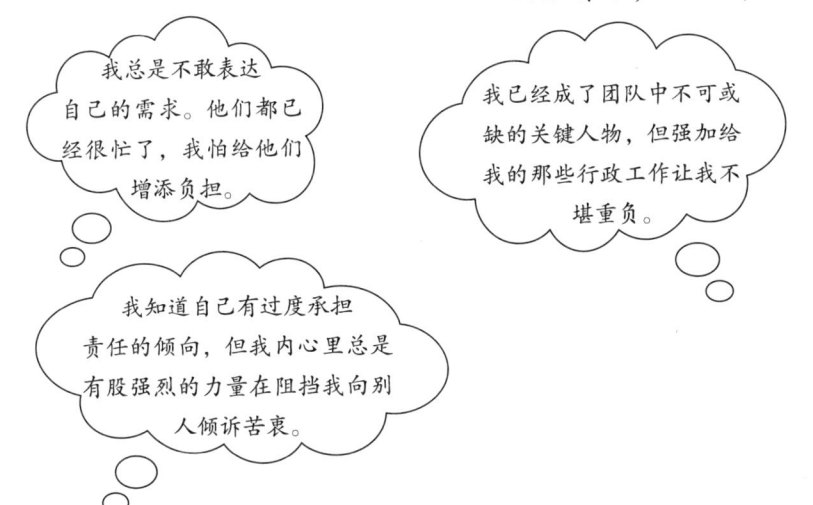

> 我总是不敢表达自己的需求。他们都已经很忙了，我怕给他们增添负担。

> 我已经成了团队中不可或缺的关键人物，但强加给我的那些行政工作让我不堪重负。

> 我知道自己有过度承担责任的倾向，但我内心里总是有股强烈的力量在阻挡我向别人倾诉苦衷。

德鲁是一家城市环境机构的研究经理，他正准备起草辞职信。他和同事们刚刚取得了一项重大成就——他们成功完成了一个耗时多年的场地清理项目，将一片被定为危险建筑物的区域改造成了带有社区中心的老年公寓。但他的上司梅丽娜并没有庆祝他们的辛勤付出，而是立刻启动了新项目，并要求他在一个月内完成初步研究。

虽然德鲁把自己的职业当成一种使命，认为自己是在为改善家乡城市做贡献，但梅丽娜期望的工作节奏让他难以承受。他很愿意额外加班以追赶关键的时间节点，但问题是梅丽娜把每个项目都视为关键。他担心如果无法满足梅丽娜的要求，后果将非常严重。他开始忧虑会得到负面绩效评估，甚至遭到梅丽娜或其他人的排挤。客观来看，他的职业发展非常顺利，因为自入职以来，他不仅超额完成了各项指标，其下属团队的规模也扩大了50%。但他仍然在认真考虑辞职，因为只有这样，他的内心才能得到些许安宁。

"我周二来办公室时，发现梅丽娜又把初步研究的截止日期提前了一周，这样她就能更早跟她的上司汇报成果，"德鲁在我们的辅导会上解释道，"她还阴阳怪气地说自己接下来几个周六都得加班。我在刚刚过去的两个月高强度冲刺，此时已经筋疲力尽。但她却不断催促我们赶工，不仅把时间节点搞得更加紧迫，还给我布置了越来越多的任务。我想，我现在必须在继续当牛马和辞职走人之间做出选择。"他耸了耸肩。

"或许你这次不应该再继续给自己加压了，"我对他说，"你现在要做的是学会设定边界。"

虽然担心会引起冲突，德鲁还是鼓起勇气给梅丽娜发了条消息要求简短沟通。"现场清理工作对团队和公司都很重要，我也全力以赴完成了，"他开场道，"但我想重新校准一下时间预期。是什么让这个最新项目如此紧急？我之所以问这个问题，是因为如果我们一直处于这种高强度的冲刺状态，我将无法保证按预期质量交付。而且我认为，在没有充分理由的情况下，要求团队赶工或牺牲周末并不现实。"

梅丽娜皱着眉头，叹了口气，然后抱怨道："嗯，这个客户很重要……我们大家都在努力工作……而且……我不知道……让我想想吧。"她匆忙离开，并且躲了德鲁一整天。德鲁心想这次铁定要被开除了。然而令他惊讶的是，第二天早上，梅丽娜竟然出现在了他的办公室门口。"我考虑了一下你的意见。虽然我不认为当前的截止日期设定有问题，但我也不想让你或其他人疲于奔命。"她解释道，"那你觉得完成初步研究的合理周期是多少？"凭借一次巧妙设限的决定，德鲁为自己争取到了一种更审慎从容的工作推进方式。事实证明，这是一种比辞职或对梅丽娜逆来顺受更好的应对策略。

虽然对上司表明立场可能让人感到紧张，但如果你希望以一种既能保护自己的时间与精力，又能维护甚至提升你所拥有的尊重和信誉的方式行动，你可能别无选择。正因如此，边界对话显得至关重要。边界对话是一种在职场中巧妙运用话术拒绝他人、设定底线，同时不引发他人疏离感的微妙艺术。想要讨人喜欢，担心被视为难以相处或不懂规矩，这固然是人之常情，但如果不敢于表达自己的立场，那最终结果也恐怕是弊大于利。研究表明，长期超额付出的员工能承受更高的工作压力、角色过载以及工作与家庭冲突，但同时也会感到强烈的掏空感、倦怠感和焦虑感，研究人员将这种现象称为"组织公民疲劳"[1]。

你或许没有想到，许多来找我做辅导的人，都曾经因为"逆来顺受且不懂取舍"而错失晋升机会。在此之前，他们从未意识到，适度的"外交性拒绝"反而能展现其审慎的判断力与直面艰难对话的勇气。然而，虽然在生活的其他场景中，"不"这个词可以算是一种足够完整的回答，但职场中的情况却复杂得多。因此，在本章中，我们将解析如何才能在恰当地表达拒绝的同时掌握复杂的社交动态。你将学会如何评估自己能够多大程度地展开反击，以及如何在坚持立场的同时仍被视为团队的合作者。此外，由于拒绝可能引发反弹，所以我们也将探讨如何应对别人的不满。通过掌握边界对话，你将能够以清晰的头脑迎接各种重要挑战，再也无须手忙脚乱地应付无止尽的任务清单。这不仅为你打开了一个空间，让你去做成就感和影响力兼具的工作，更能让你在下班之后仍有余力享受生活。

选择你的斗争目标

职场中的边界涵盖了方方面面，包括他人与你的物理距离、是否在公司聚会上饮酒，以及你的身份认同中有多少来源于工作之外的兴趣和活动。我们将在本书的后续部分讨论不同形式的边界，在本章中，我们将重点关注两种特定的边界类型：时间和任务。这两者是大多数工作与生活冲突的根源，导致你频繁说"不"的往往就是上司或其他人对你提出的各种要求。以下是一些具体例子：

额外任务

- 拒绝承担行政性或非晋升性任务（即那些没有可见度、不需要特殊技能或对公司核心目标无直接贡献的工作，如会议记录、日程安排或处理低价值客户）。[2]
- 在已负责多个高优先级项目的情况下婉拒新增职责。
- 拒绝接手那些由习惯性甩锅者转交的项目。

超时工作

- 拒绝在非紧急情况下深夜或周末回复邮件的要求。
- 抵制缩短午餐或休息时间以满足工作需求的外部压力。
- 拒绝那些占用既定休假计划的工作请求。

不合理期限

- 反对在紧迫的时间内交付高度复杂且需要大量研究或多方意见的任务。
- 拒绝各种和已提前告知的个人安排相冲突的临时请求。
- 拒绝在没有提前通知或充分交接的情况下顶替同事职责。

冗余会议

- 拒绝各种占用你深度工作或创意思考时段的会议。
- 婉拒那些不需要你专业知识或贡献的可选或非必要电话会议。
- 减少频繁的临时来访，以避免注意力受影响。

你不可能对工作中的所有事情都说"不",因此有选择性地坚持立场乃是重中之重。但你可能不知道从哪里开始设定边界,也不清楚自己在坚持立场时可以表现得多坚定。一个有效的策略是用一周时间记录一份"边界清单"。说得具体一点,就是要记录你"四种情绪测试"的结果,这是我在我的第一本书《相信自己》中提出的方法。[3] 简单来说,每当你在工作中感到愤怒、沮丧、紧张或不适时,请记下当时的具体情况。对方对你提出了什么要求?为什么让你有这种感觉?你希望自己当时说了什么或采取了什么不同的做法?在周末时回顾你的记录,寻找其中的规律。然后通过以下6个问题,筛选出一个你最需要优先处理的边界问题:

1. **这种情况会对我的身心健康、工作效率或工作满意度产生何种影响?** 其负面影响越大,你就越需要尽早表明立场。
2. **这是个偶发事件,还是个长期问题?** 长期问题若不加以解决,会持续侵蚀你的能量。
3. **根据我当前的角色和职责,这个边界设置是否能得到有效执行?** 如果无法拒绝来自首席执行官的项目要求,你可以与上司进行协商,以重新调整其他任务的优先级。
4. **我对设置边界的诉求会引发多大的影响?** 如果你的边界设置仅会影响你自己的工作,而不是整个团队,你遇到的阻力会更小。

5. **我能否清楚地说明这个边界于我个人的必要性,以及它对别人有何益处**?应该优先设置能够保护你核心价值观和优先事项的边界,而清晰的理由也容易让他人尊重你的立场。
6. **如果不设定这个边界,我会付出什么代价**?例如,你要想清楚持续加班对个人生活的影响。你愿意承受这样的牺牲吗?

巧妙地表达拒绝

除了评估说"不"的时机,你还需要考虑说"不"的可行性。这意味着要评估你的"反击能力":你有多少拒绝的筹码,上司对边界的接受度,以及他人如何看待你的诉求。如果你的反击能力较弱,你就需要采取更柔和、更谨慎的方式来设定边界;但如果反击能力较强,你就可以更直截了当地表明立场(见表4-1)。

表4-1 根据"反击能力"设定边界

	弱反击能力	强反击能力
你的任职时间和职级	・你只有初阶职位或者职级较低,这意味着你的意见影响力较小 ・你在公司任职不满一年,或频繁更换职位和部门 ・你的角色职责不够明确,因此你可能需要"随时救场",承担各种不同的任务	・你拥有高级或领导职位,自然拥有更大的影响力和权威 ・你在公司任职时间较长或已经晋升多次,因此你对公司的文化了如指掌,并被视为关键人物 ・你拥有专业知识,公司更有可能为了留住你而满足你的需求

（续表）

	弱反击能力	强反击能力
你和上司的关系	・你与上司的互动很少，可能仅限于正式会议，这让你很难和他们建立融洽及信任的关系 ・沟通基本是单向的，你很难有机会表达自己的意见或关切，这降低了你的影响力 ・你的上司并未积极支持你的职业成长或发展，这表明他们没看到你的长期潜力	・你的上司经常就重要决策征求你的意见，这表明他们重视你的判断力 ・你的上司始终支持你的想法和倡议，这表明他们信任你的能力 ・你和你的上司相互尊重，因为你们可以理性地讨论分歧并解决问题
你上司的管理风格	・即使同事明显表现出倦怠迹象（如工作效率下降），你的上司也对此轻描淡写，没有提供任何帮助 ・当团队成员对工作量或压力表示担忧时，你的上司要么置之不理，要么只是让大家"咬牙挺过去" ・你的上司不断改变预期，或者在管理上事无巨细，这让你更难获得自主权	・你的上司通常能够敏锐察觉团队的工作负荷和士气变化，并主动支持那些感到不堪重负的成员 ・你的上司有设定明确预期并定期重新评估的习惯，这表明他们可能更愿意做出调整 ・你和上司之间有定期的沟通机会，你可以借此坦陈自己面临的挑战并提出请求
组织文化和组织环境	・公司常常忙于应对危机和短期需求，优先考虑快速解决问题，而非长期规划和可持续性 ・公司正处于高压力或财务紧张时期，过度关注产出，并导致员工对变革的接受度降低 ・公司政策严格，几乎没有例外或调整的余地，这使得协商特殊请求变得困难	・其他员工成功协商到了弹性的工作安排、额外假期或更少的工作量 ・管理层愿意谈论工作与生活平衡的重要性，并公开支持员工的身心健康 ・公司设有反馈渠道，如调查问卷、全员会议或开放政策，鼓励员工表达意见和建议

并非所有条件都会对你有利，但这没有关系，而且你可能拥有比自己想象中更多的筹码。管理者希望留住优秀员工。数据显示，员工流失每年给企业带来的损失超过1万亿美元，此外还耗

费了企业管理者大量的时间投入。[4] 虽然你的上司看上去对你的请求有所抵触,但与招聘新人相比,他们显然更希望把你留住。而且别忘了,维系团队的稳定和高效也是决定他们能否升职加薪的重要指标之一。

边界对话不仅仅是为了帮你自己争取权益,从长远来看,也是为了确保你能够为团队持续高效输出,贡献聪明才智。没错,你是一名领取固定薪水的员工,但并不意味着你必须无休止地为公司工作。长期来看,这种做法不利于你的身心健康,也不会提高公司的生产率!你取得成果的大小远比坐在工位上的时间长短更重要。当然,为了能够说服你的上司,你需要自己去为此构建一个有力的论点。因此,接下来我们将探讨如何将你的边界诉求同上司和公司的利益有效挂钩。

深掘细节

无论你的"反击能力"有多强,不假思索地直接说"不"并不总是符合你的最佳利益。因此,在表达拒绝之前,你要做的一件很重要的事情,就是向你的上司提出以下一个或多个问题,以真正了解实际情况:

- 针对额外任务,你可以这样问:"您选择让我来负责这项任务,是有什么特别的原因吗?这项任务将如何服务我们的战略目标?考虑到我手头的工作量,您认为这项新任务该占用我多大的精力？在您看来，这是个短期需求，还是会成为我的一项常规职责？"

- 针对超时工作，你可以这样问："请帮我梳理一下这些加班任务的紧迫性，我们是在追赶某个特定的截止日期吗？关于在什么情况下需要快速回复，我们能否设定明确的指导原则？我想更明确地知道，如果等到正常上班时再处理这些任务，会有什么影响？关于占用午休时间这件事，我们是否能明确一下，这种额外加班的具体目的是什么？"

- 针对不合理期限，你可以这样问："这个时间节点是由哪些具体因素决定的？是否存在某些里程碑事件或外部压力导致截止日期如此紧张？我们能否根据项目的实际范围和复杂程度重新评估预期目标？这项任务在交付成果或资源分配方面是否还有调整的空间？"

- 针对冗余会议，你可以这样问："在我们电话沟通之前，能否先发我一下您的具体问题？有些问题我或许可以通过邮件直接回答。您能否分享本周会议的议程？了解与会人员和需要做出的决策，有助于我判断是否有必要参加。会议结束后是否有会议纪要或需要执行的具体任务？我觉得让某某某去参会更合适，因为他更了解这个项目，您觉得可以吗？"

通过提出明智的问题，你可以更为准确地评估投入时间和精力的潜在回报。例如，额外任务是否是一个向公司高层展示你能力的机遇？介入并提供个人意见是否真正能影响一个关键项目的发展方向？你还可以借此发现一些能让你更容易进行谈判或表达拒绝的细节。例如，如果你能明确你的参与对会议而言并非必要，你就找到了充分的推辞理由。此外，提问本身也会促使对方重新审视请求的合理性。经过沟通，你的上司可能会主动意识到，将任务转交给同事或通过自动化来完成可能是一个更为省时省力的选项。

做出战略让步

假设上司要求你在完成现有工作之外，在 24 小时内制作一份全新的演示文稿。直接答应可能让你觉得委屈，但你也不妨考虑一下大局：你正在积累职场资本，并投资于这段上下级关系。更重要的是，你也是在通过这种方式向你的上司传递信号：你在关键时刻是靠得住的，这会为你赢得好感。

以下话术能让你在配合工作的同时又不显得软弱无力，更不会让上司觉得你只是单纯卖他人情。

有条件同意

当你的"反击能力"较弱时，你可以考虑同意一两次上司的请求，但要明确表示这是例外，不是常态。

- 我理解这个项目的重要性，这次我愿意接手，但我需要和您明确一点：我不可能总是满足这种临时性的要求。
- 这次我愿意帮忙，毕竟事情紧急，不过我希望咱们下不为例。
- 我愿意加班完成这项任务，因为我知道它很重要，但我希望我们能明确这只是个例外，而不是常态。
- 我愿意在休息期间为这个项目提供支持。但等我回来后，我们需要讨论一下未来如何处理类似的情况。

权衡取舍

将决策权交还给你的上司，这既能展现你对其权威的尊重，同时又将潜在冲突转化为一个重新调整任务优先级的机会。

- 我正专注于按约定时间完成 X。如果再给我增加 Y，肯定会影响进度。我们应该如何重新调整优先级？
- 如果我本周为了 X 加班，那您觉得哪些工作可以顺延到下周？
- 如果要赶这个截止日期，我们就得暂时降低其他事项的优先级。您觉得我们的哪些工作可以暂缓进度？
- 为了腾出时间参加这些会议，我得先把手头的一些任务移交出去。您觉得我应该把哪些任务交给别人？

延迟回应

从心理学角度来看，在请求和接受之间留出一定空间，有助于你掌控局势，并展现你的审慎态度。

- 我们能否明天再讨论这个问题？我需要查看日程表，看看可以做哪些调整。
- 在确认参加这个会议之前，我得先审查一下当前项目的进度。我会尽快回复您。
- 这个截止日期看起来很紧张。我能先评估一下资源和时间表，然后再提出一个更可行的方案吗？
- 感谢您想到我。请允许我先评估一下当前的工作量，看看怎么把这个任务安排进去。

转介他人

在某些情况下，你可以向上司推荐其他合适人选。

- 对于这项加班任务，我可能不是最合适的人选。某某同事的反应速度更快，要我帮您看看他是否可以接手吗？
- 我因时间冲突无法参加会议，但某某同事对这个情况很熟悉，很适合代表我们团队参会。
- 我手头的项目已让我分身乏术。某某同事具备类似的技能，并且可能有时间来接手这个任务，要我问问他是否有空吗？
- 考虑到截止日期，我可能不是最佳人选。某某同事曾用更短时间完成过类似工作，让他来接手如何？

在做出让步后，重新设定对方的预期便成为关键，而且当你已经做好准备之后,你就可以从一个更有利的位置来推进这一事项。尽力将这种预期重设与前期达成的共识相衔接,例如参照双方在风格对话中确立的原则。要结合第 2 章对上司风格的观察,围绕他们的核心关注点来包装你的建议:

- 对指挥官型上司,要强调效率和成果。如果要拒绝额外任务,你就要跟他们强调,专注于核心职责能够让你更快地完成高优先级项目。
- 对啦啦队长型上司,要关注形象和长期影响。如果想拒绝参加会议,你就要跟他们说:"我认为专注于这个项目远比参加会议更能够提升我们在创新方面的良好形象。"
- 对护理员型上司,要强调健康和稳定性。如果要拒绝超时工作,你就要说,工作与生活的平衡能够帮助你改善整体健康状况,保持积极动能,而且这也符合大家的共同利益。
- 对管控员型上司,要强调精确性和质量。如果要拒绝一个不合理的截止日期,你就可以说,如果能把时限略微延长,你们就可以进行更深入的研究,从而得到更准确的结果。

此外,你也要留意自己的同事是如何跟上司设定边界的。例如,你注意到你的同事艾丽卡似乎特别擅长拒绝来自上司的各种不合理要求。下次在会议上看到艾丽卡对上司说"不"时,你要仔细观察她的语言和语气,甚至可以在会后更深入地向她请教。

艾丽卡可能会告诉你，她发现将边界设定与业务结果挂钩的办法似乎很有效（例如："如果我接手这个新项目，X 的发布就得延迟两周。"）。另外一种方法是提供替代方案（比如："如果我们的 B 项目能够得到额外支持，我愿意接手 A 项目。"）。

即时说服

即使你已经重新设定了预期，上司还是会反复地试探你的边界。这并不一定意味着他们不尊重你，而是其角色特性使然：每个层级的人都面临着完成更多任务的压力，而这种压力终究会传递到你的身上。虽然你无法保证所有人，尤其是你的上司，每次都会接受你设定的边界，但如果你能熟练运用精明的劝服技巧，并且能够坚定地维护你的边界底线，你就可以大大提升他们的接受可能性。

和上司分享你的工作压力，让他们知道你当前所面临的困境，这有助于激发他们的同理心，实现相互理解，但同时也要注意分寸，避免过犹不及。过度解释会让你显得不够自信，并让他人有机会质疑你的逻辑或试图说服你改变立场。在这类情况下，你可以尝试使用以下话术：

- 我想向您说明一下为什么我对接受这项新任务有些犹豫。本月我已经承诺必须完成 X 项目，再增加其他任务可能会挤占我完成这些交付所需的时间。

- 连续的加班熬夜已经开始影响我的专注力和工作效率。我们能否确定一下，哪些消息今天必须回复，哪些可以推迟到下周？
- 鉴于任务的复杂性以及确保结果准确的重要性，我觉得当前的截止日期过于激进。我希望能在现有的时间框架内设定一个更为现实的目标，以确保我们能够取得成功，避免失败。我有如下建议……这样我们就能够在速度和质量之间取得平衡。

和其他人一样，你的上司也只收听他们的"私人广播电台"①，也就是说他们会优先考虑自己的利益和目标。你需要在他们的频率上积极发声，让他们知道你设定的边界不仅能够满足你的需求，同时也有助于帮他们减轻压力，推进他们所关注的目标，而且这么做还符合整个组织和团队的利益。通过将你的拒绝和更高质量的工作、更具创意的解决方案，以及更加投入、斗志昂扬的团队相关联，你就能触及你上司的核心关切，让他们更容易认可你说"不"的价值。

---

① 在英语中有一个叫 WII-FM 的营销和沟通术语，这个术语的全称是"What's In It For Me"，翻译成中文就是"这对我有什么好处"。因为 FM 在英语里还有调频广播电台的意思，所以这里才会说上司们也有自己的广播电台，这句话的真正意思是他们其实都非常关心自己的需求和利益。而下文中所说的"你需要在他们的频率上积极发声"，意思是指你要站在上司的角度思考，关心他们的利益诉求。——译者注

如何应对反弹

你永远无法确切知道当你拒绝时对方会作何反应，但通过回顾"巧妙地表达拒绝"一节中所列出的判断标准，你能更好地预判上司可能的回应。例如，如果你已经和上司建立了良好的工作关系，那么当你在婉拒额外任务时，上司可能会更理解和包容你。反之，当他们肩负重担或面临着更高管理层的施压时，即使是最和善的领导，也可能对你拒绝参加会议产生不满情绪。此外，整体的组织文化氛围也很关键，一个公司是鼓励开放对话还是更倾向于一致性，也会对你的反应方式产生重要影响。

无论你划定边界的方式多么得体，你都要为可能的不利反应做好心理准备，并随时以建设性的方式加以应对。以下是几种针对最常见情景的应对话术，按语气强硬程度从低到高排列。

沮丧型回应

典型反应："唉，说实话我很失望。我本来指望你来处理这件事的。这下可让我为难了。"

应对策略：提供替代方案，展现你愿意合作的态度和愿意寻找解决办法的积极性。

- 我知道团队现在很忙，也想尽自己的一份力。但我今晚家里有事情需要处理，必须 6 点准时下班。您看，我明天早点来赶完这些任务行吗？

- 我知道这让您为难了，但这绝对不是我的本意。我希望尽可能提供支持。虽然因为我手头的任务很重而无法牵头这个新项目，但我可以在一些具体方面提供咨询或协助。您觉得这样如何？
- 我明白需要有人代表我们参与这个项目。或许我们可以找到一个折中的办法。虽然我无法参加每周的例会，但每两周进行一次电话沟通应该行得通。
- 我完全理解这件事的紧迫性，但周五前完成整份报告是不现实的。要不我先提交第一部分给您？我可以在下周初优先完成剩余的内容。

情感绑架型回应

典型反应：我本以为你是具备团队精神的人。这让我怀疑你是否真的想在这里有所成就。看来你并没有我想象中的那么投入。

应对策略：反驳对方的假设，同时强调你设定边界的举动也是最符合团队利益的做法。

- 您说得不对，我很重视团队协作，也希望尽可能高效地为团队创造价值。所以，您觉得我们可以合并那些主题相似的会议吗？这样我就可以腾出时间专注于更高价值的任务。
- 我的首要目标之一就是帮助您和团队取得成功，而实现这一目标的最佳方式，就是确保我能保持良好状态，全力以赴，而不是让其他人来收拾我的烂摊子。为了避免让我过度透支，我们能否重新协调一些工作量的分配问题？
- 事实恰恰相反。正是因为希望我们能做得更好，我才建议对截止时间进行微调，这样我们对成果的预期才会更符合实际。
- 为了真正实现团队目标，我需要把精力集中于能够产生最大影响的领域，也就是我们拥有共识的 X 事项。既然如此，我们能否讨论下，我该如何拒绝 Y 事项？

轻视型回应

典型反应：你该学会更好地管理时间，或者这次就破个例，别去参加孩子的足球赛了。如果你能效率高点，完全能搞定这件事。

应对策略：先对上司的建议表示理解，然后明确指出他们所倡导之捷径的局限性和潜在负面影响。

- 感谢您帮我出主意来应对这件事。但问题是，我现在的日程已经排得很满了，简单地调整并不能解决整体工作量过大的问题。我们是否可以探索其他解决方案？
- 我理解您让我提高工作效率的建议，我会尽力而为。但我担心仓促行事可能会导致错误。也许我们可以确定一下，项目中的哪些部分需要优先得到关注？

- 谢谢您的建议，但长期加班可能并非解决问题的好办法。相反，我希望我们能……您觉得呢？

- 我知道您希望能尽快完成这件事，也很感谢您的意见。但这不是一件多加班就能完成的任务，而且让我为此牺牲个人安排的做法也不太合理。我希望我们能找到其他的解决办法。

攀比型回应

典型反应：丽安每天都加班，她就从来不抱怨。伯恩汉姆能同时处理两倍于这个工作量的任务，所以我不明白你为什么做不到。

应对策略：将对话焦点转回到自身的实际情况，同时避免贬低同事表现。

- 我理解团队目前承受着很大的压力，我也想尽己所能。但对我而言，只有承担合理的工作量，我才能确保满足客户的期望。您能不能帮我重新梳理一下现有任务，找到一个更可行的工作分配办法？

- 每位同事在团队中都有不同的贡献方式，我对此表示完全尊重。但在工作之外每个人的情况各有不同，所以我们还是多关注在正常工作时间以内的任务安排吧。

- 我明白您的意思，但只有在没有干扰的情况下，我的工作效率才会高。我们能否把会议调整到其他时段？

- 暂且不谈同事的情况，让我们回到讨论 X 的合理完成时间上吧。我觉得这才是更有价值的讨论。

"话"外之计

避免软化立场

有时，紧张情绪可能会让你在一开口时就不经意地弱化了自己的立场。常见的情况包括过度道歉（例如说出"我真的很抱歉"或"很不好意思提这个"之类的话）、使用试探性语言（例如"可能这也不算什么大事"或"我不是故意找麻烦"之类），以及过度解释（例如，"我手头有项目 X 和 Y，我孩子生病了，下周还有家人要来访，再加上……"）。在设定边界时感到紧张是很正常的，但即使你内心慌乱，表面上也要保持镇定。

以初级内容撰稿人西蒙娜为例。在试图拒绝上司提出的不合理截止期限时，她总是会用"希望您别生气"以及"我真的很不想这样……"之类的话语来软化语气。西蒙娜本意是想表现得有礼貌，但上司却认为她这是在装腔作势。上司跟西蒙娜说"我们有时候都得逼自己一把"，然后便将西蒙娜的请求抛到脑后。

西蒙娜决定改变策略。她通过放慢语速来获得思考时间，并避免使用削弱立场的限定词；她将道歉换成了感激，例如，她不再说"我很抱歉无法满足这个要求"，而是改为"谢谢您想到我。

我很高兴您觉得我适合完成这项任务"。在表达自己的边界后，西蒙娜不再急于用"别担心，如果和客户沟通有问题，我就抽时间处理"这种弱化立场的话语来填补沉默，而是会给上司留出时间，以让他们认真思考。为了让自己能够牢记这种新方法，她在显示器上贴了一张便笺，上面写着"不拒绝才是真正的自私"和"边界能让你专注于真正重要的事情"，并以此来不断提醒自己绝对不能下意识地软化立场。

当西蒙娜开始自信地说"不"时，她上司的态度也随之发生了变化。他不再像以前一样忽视她的立场，反而会考虑她的看法。这种改变绝非一蹴而就，也做不到绝对完美，但西蒙娜注意到，她更加坚定自信的态度显著改善了她所设边界被接受和受尊重的程度。

优化时间管理

设定边界的对话同样适用于同事之间的沟通。毕竟，你与同事设定边界的方式会直接影响你的心理、情绪以及实际能力，从而决定你能否应对来自上级（通常更重要）的请求。由于你和同事通常处于同等的职权水平，你可以更直接地表达自己的立场。比如在会议开始时的项目讨论阶段，你就可以直接告诉同事，由于还有更紧急的事务，你在接下来的两周内无法再接新任务。或者，如果有同事突然打电话过来找你聊天，你可以一开始就告诉对方你只有10分钟的沟通时间，或者在几点之前必须结束通话。

为了减少同事频繁来找你闲聊或临时开会的打扰,你可以考虑设立一个"办公时间",即拿出固定的时间段来,专门用于处理预约的咨询或提问。你也可以通过建立流程来简化那些随机且耗时的请求。艾德是一家消费品公司的产品经理,他发现自己经常要处理来自业务拓展、市场营销和销售部门的各种需求。为了不再通过邮件或在线办公软件接收跨部门同事抛来的各种待办事项,他创建了一个公司维基页面,并邀请同事们把问题发布在那里,而他只需每周抽出 90 分钟时间来集中答疑。他还要求同事在发布问题前先简单搜索一下,以避免提问重复。起初,同事们并不遵守这个规则,但当艾德停止重复回答问题,并且把提问者引向之前的解答时,他们才明白其中的用意。这个简单的举措迫使其他部门在提出请求时更有针对性,细节更清晰,艾德接收到的请求数量也因此大幅降低。

即使你认为自己无权建立新系统或推进重大变革,你仍然可以通过获得上司的支持来优化你的时间管理。比如,你可以问:"在确定了哪些会议我可以不用参加后,如果还有人对我的缺席有疑问或者顾虑,能否请您协助说明?有了您的支持,这种调整就会显得更为顺畅。"你还可以说:"各种临时的请求和干扰已经影响了我对各种优先事项的专注度。如果您没有意见,我想推行如下具体优化措施。但首先我希望能获得您的支持。"

随机应变

如果上司拒绝接受你的拒绝

即便学会了前面提及的所有应对技巧,你仍难免会遇到那种无视你的边界,强行推进其要求的上司。虽然有些管理者愿意协商一个对你、对他们自己以及对公司都有利的折中方案,但也有些人会强硬到底。当上司无情忽视下属的需求并固执己见时,可以尝试以下策略。

- **缓和气氛**。适当的幽默可以化解紧张,让你的上司意识到你们都是普通人,要注意避免讽刺或冒犯。例如,你可以说:"如果一天有25个小时,我也许可以搞定这件事,但目前我们只能基于现实情况来安排了。"或者说:"我也希望自己有个分身,但显然这是不可能的,所以我们还是找个更可行的解决方案吧。"
- **重述立场**。要像复读机一样冷静地重申你的立场。你可以说:"正如我们之前讨论过的,鉴于我目前的工作量,我根本不可能承担这项任务。还望您理解。"或者说:"再次强调,这不是我能承诺的事情,我希望您能理解这一点。"又或者:"我必须明确跟您说,周末加班不是选项,但我相信我们可以找到其他完成任务的方法。"
- **拒绝对抗**。欺压型的上司可能会通过提高嗓门或加快语速来显示权威，制造恐惧，迫使你在压力下屈服。切记，无论发生什么，都不要模仿他们的行为，因为以同样的激烈态度回应对方，只会加剧局势的紧张。可以试着用一些基础练习来调节自己的情绪，比如深吸五口气，放松身体并靠在椅子上，或者通过紧握笔杆来转移你的紧张。

- **保护自己**。我辅导的许多客户发现，一个很有帮助的办法，是想象自己与对方之间隔着一道玻璃墙。你可以用这种办法来提醒自己，千万不要吸收或内化对方的愤怒情绪。想想你钦佩的人会如何处理这种情况。通过借鉴心目中的英雄形象，你可以更加自信地展现出自己最好的一面。
- **沉默是金**。有时候，最有力的做法就是保持沉默。格洛丽亚是一名兽医，她告诉我："我的上司当时根本听不进去道理，但我既没有立刻退让，也没有说什么迎合她的话，而是在她每次说完话后都沉默5~10秒。最终反而是她先忍不住了。她主动提出了更多意见，甚至还采纳了我最初提出的方案。"

如果你身处一个"随时在线"的公司或行业

你可能身处广告、娱乐或咨询等行业，这些领域要求你在收到信息后必须做出秒级响应。你也可能发现别人会毫无顾忌地占用你的午餐时间或免打扰时段。你无法凭空改变这种文化，但你可以尝试运用以下技巧来更加游刃有余地应对这种环境。

- **确认收到消息**。即使无法立即详细回复，你也要让发件人知道你已经看到了他们的消息。像"已收到，谢谢"或"已记录，我明天一早就处理"这样的简短回复，不仅能表现出你的专注和响应能力，还能让你按照自己的节奏处理事务。

- **加强状态更新**。将"在线"或"请勿打扰"等通用状态替换为更具体的状态信息。例如，"午餐中，1点回来""今天离线——明早8点查看消息""正在汇总1月数据"。同事可以根据这些信息相应地调整预期，当他们了解到你正在处理何事以及何时有空时，就更有可能尊重你设置的边界。

- **预留缓冲时间**。在安排工作日或周计划时，有意识地将可用时间的80%分配给计划内的任务、会议和项目。这样你就留出了20%的缓冲时间，使你能应对突发的干扰和请求。你还可以每天安排30~60分钟，或者在会议之间留出10~15分钟的间隙，用来处理突发问题，或进行短暂休息以恢复精力。

- **定义何为紧急**。去年夏天休假期间，账单专员萨菲亚简直要被会计同事的"紧急"请求淹没了。因此，在进行下一次旅行之前，她预先明确了什么才算得上是紧急情况："我将于7月2日至10日休假，不会查看邮件。但如果出现重大账单错误（如重复收费）、支付处理问题，或者账户有任何可疑活动，可随时给我发短信或打电话联系我。"这一策略并不只适用于休假，它同样能保护你专注工作的时间、周末，甚至午餐时间免受侵占。

- **制定专属规则**。选择一天中的特定时间段来快速回复消息，并将这些时间告知团队成员，或将它们添加到你的邮件签名中（尤其是当你在一家跨国企业工作时），这样大家就会知道你何时会回复他们。设置邮件延迟发送，使其看起来你只会在工作时间内处理信息。

一开始说"不"可能会让你觉得别扭和尴尬，但这有什么呢？你是更愿意承受为自己争取边界的某种短期不适，还是更想承受无边界工作所带来的持续数周、数月甚至数年的焦虑、愤怒与怨恨？想象一下，如果你再也不必为额外的工作感到焦虑，那工作会变得多么轻松和愉快！如果你能彻底摆脱领导要你参加的那些毫无意义的会议，你的生活又将会有多少的改变？如果能够明确表达需求并设定边界，你能够省出多少时间和精力去培养个人兴趣，并投身于能为你带来快乐的高价值工作？现在，请花点时间，选择一个能显著影响你工作质量的边界，并用本章所介绍的策略与你的上司沟通。定期思考和讨论边界不仅能提升你的生活质量，更能让你为本书后续的各种艰难对话提前进行演练，比如接下来我们即将讨论的反馈对话。

第 5 章　反馈对话

直抒胸臆，无惧质疑

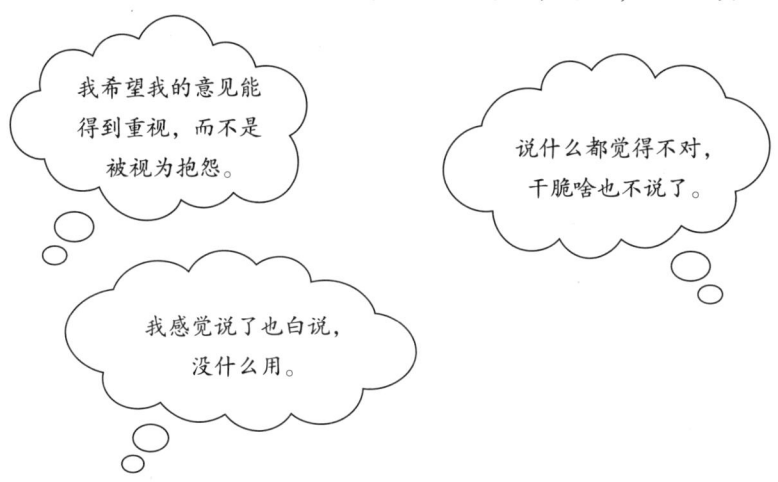

> 我希望我的意见能得到重视，而不是被视为抱怨。

> 说什么都觉得不对，干脆啥也不说了。

> 我感觉说了也白说，没什么用。

没有人是完美的，你的上司也不例外。虽然你可以容忍他们的一些怪癖，但难免会有为了自己以及团队而必须发声的时候。也许你的上司连续一个月在最后一刻取消所有一对一会议；或者他们习惯对你的工作冷嘲热讽；他们还可能急于指责他人或垄断对话，不给别人发表意见的机会。无论是哪种情况，向上司提出建设性的批评意见都如同走钢丝。你既要有足够的说服力让领导愿意接受改变，又要注意方式方法，避免因挑战其权威或伤害其自尊而适得其反。尽管如此，许多人仍然不敢提意见，因为他们担心任何形式的直言不讳都可能让其与上司的关系陷入难以挽回的境地；还有人害怕被贴上"麻烦制造者"的标签。

这些担忧可以理解，但并不意味着你无能为力。假设你是一家《财富》世界100强公司的员工关系专员，而你的上司总是频繁调整工作优先级。这周他让你专注于处理员工投诉，下周又把你拉去设计全员培训课程。你总在仓促应对各种突发指令，而这最终使你不堪重负。你错过了截止日期，连累了整个团队的声誉。作为一名有15个成员的人力资源团队中的低职级成员，你跟自己说"退一步海阔天空"，并选择对上司的行为忍气吞声。但这只会让你的工作状态和团队绩效进一步恶化。或许向上司指明"半途而废的项目会损害团队声誉"这件事会让你感到紧张，但你必须进行这场艰难对话，因为它至关重要。我有很多的客户都在最初选择了忍让和沉默，但也因此承受了巨大的痛苦。所以根据我的经验，即便你的上司不会立刻意识到问题的严重性，你也应该温和地提出建议。这种做法不仅最终会给你带来回报，也能够为更大的稳定性铺路，助力职场关系的长期持续改善。

当然，事情不会像表面看起来那么简单。虽然能在工作中随时畅所欲言是件好事，但现实更为微妙。本章将为你提供一些具体的标准，以帮助你判断何时提出意见更加适宜且有价值。此外，你还会学到如何把握反馈的最佳时机，以确保上司愿意接受你的建议。我还会教你一个提出棘手反馈的公式：把重点放在行为而非人格上，这样你就可以抛开个人因素，专注推动有意义的改变，进而对你、上司、团队乃至整个职场产生积极影响。毫无疑问，这不仅需要宏观策略，也需要精细技巧，无论是在日常的非正式交谈中还是在专门的正式会议上都是如此。我的许多客户都曾经成功应对过这些复杂情况，你也肯定可以。

虽然反馈对话能让你心安，但它并非解决所有职场问题的灵药。归根结底，你无法控制你上司或他人是否会采纳你的意见。我的客户拉梅什对此深有体会。拉梅什是一位学生项目管理员，在学校启动首席多元化官的招聘几周后，他向院长提交了委员会的录用建议。虽然拟录用的这位成就卓著的黑人女性人选已通过了委员会的全面审核，并在面试中表现出众，院长仍质疑她的背景，认为她不适合该职位。

"我看得出来，院长之所以犹豫，是因为这位候选人让他觉得不自在。她是一个喜欢挑战权威的人，而院长显然只想要一个循规蹈矩者。"拉梅什意识到他必须亮明自己的观点。他对院长说："如果我们不聘用这位候选人，我们就是在向员工表明我们不重视多元化，这将导致员工流失，影响大家的士气。"但院长没有听从拉梅什的警告，而这导致校委员会在几周后全员请辞。"简直就是一团糟，"拉梅什跟我说，"虽然事情没有按我希望的方式发展，但我问心无愧，因为我这样做对所有人都有益。"

拉梅什的故事告诉我们，即使上司的反应令人不悦，你也不用因为表达自己的观点而后悔。因此，在本章中，我们还将讨论如何在面对上司的防御、敌意或完全漠视时坚守自己的立场。但请注意，虽然并非所有的上司都乐于接受建设性批评，但根据我的接触，很多上司其实非常渴望收到关于如何改进工作的建议。一项调查显示，当被问及更愿意接受纠正性反馈还是表扬时，近60%的受访者选择了前者。[1]

所以请记住，虽然表达意见可能令人不适，但直言不讳实际上更有利于你的职场发展。你可能会因此获得更清晰的指示和要求、更受尊重的回应、更大的自主权，以及更少的令人厌烦的临时变更和意外。对你的上司而言，你的反馈能帮他们发现盲点，成为更优秀的领导者，比如，他们可以学会更高效地管理时间、更合理地分配任务、更有效地控制情绪，并与团队进行更为透明的沟通。你的上司可能经常错过截止日期，习惯性抱怨，而且总把你排除在关键决策之外，但不用担心，本章将向你展示逆转之技，让你从被动忍受这些恼人的习惯和有害行为，转变为能够主动引导上司，让他们给予你应有的尊重。

说还是不说，这是个问题

你如何决定什么时候该说，什么时候不该说？例如，也许你的上司在最近两次团队会议中连续打断了你，是他们不重视你的想法，还是因为过于急切？再比如，他们当着高层管理者的面当众纠正了你的工作，这是一种对透明管理的误解，还是在故意羞辱你？你并不总是能够准确把握开口的时机。

在决定分享批评、建议或纠正之前，你要先问自己以下几个问题。如果大多数问题的答案是肯定的，那么这种情况可能值得展开一次对话；如果不是，那么提供反馈的成本可能超过潜在的收益，或者你可能还没有得到足够的信息来支持你采取行动。唯一的例外是当有人发表了种族主义、充满偏见或冒犯性的言论时，在这种情况下，你可以而且应该立即明确表示这种行为是不可接受的（本章稍后将详细探讨相关的应对方法，无论你是旁观者还是被针对的对象）。

- **之前是否发生过这种情况或行为？** 假设你的上司要求你逐小时汇报你和团队成员的工作情况。如果这种情况只出现了一两次，可能只是因为某些项目或情况需要严格监督，每个人都偶尔会有越界的时候。但如果这种行为持续数周甚至数月，形成压抑的常态，你就需要采取行动了。
- **如果我选择沉默，会有什么后果？** 当问题涉及重大财务或业务风险时，比如失去客户、搞砸产品发布或出现潜在负面舆论，你必须及时发声。例如，在一次重要的销售会议后，杰基无意中听到客户说，他们对她上司在产品召回后犹豫不决的态度感到失望。她决定发声，因为沉默可能会导致她所在的团队失去一笔价值百万美元的交易，并损害他们在市场上的声誉。

- **我是否掌握了全部事实？** 虽然赫克托对一个项目的重大延误感到沮丧，但他没有急于指责他的上司里奇无能，而是先做了一番调研。通过仔细查看邮件和会议记录，他发现了一个关键细节：公司高层曾要求里奇优先处理一个紧急的软件安全更新问题，这直接导致了赫克托新功能发布的延迟。你的上司可能面临着你不了解的复杂情况和多方压力，那些初看起来有问题的决策背后，可能有着诸多隐形的指令或动机。

- **我准备好提出解决方案了吗？** 仅仅发泄情绪而不提出改善建议，就像对着空旷的地方大喊大叫，虽然一时解气，但最终毫无用处。如果你的上司总是忽视你提出的建议，而你只会抱怨"你从来不听我的！"，这很可能不会带来任何改变。你倒不如换个说法试试，比如，"我理解不是所有想法都能得到实施，但我想确保我的建议是有价值的。您通常用什么标准来评估建议？"

- **我尽到应尽的责任了吗？** 如果你总在会议上保持沉默，你怎么能责怪上司没有关注到你的成就？如果你觉得上司的指示含糊不清，你是否会通过跟进追问来把事情弄明白？在责怪他人之前，要先问问自己：我是否掌控了我力所能及的部分？首先要调整自己的行动。单单这一点就可能改变上司对你的态度，甚至彻底消除他对你的各种不满。

等待的艺术

向上反馈时,你应始终尽量私下实时沟通(不要通过邮件或短信,因为这样可能会忽略很多细节)。但如何判断反馈的时机?

即时反馈(0~4 小时)

任何涉及重大安全、法律或财务后果的问题,或者可能导致连锁反应的情况,例如客户投诉,都需要即时反馈。例如,你的上司发送了一封带有错误折扣码的促销邮件,或者更高级别的领导在现场产品演示中漏掉了关键步骤或功能。这些情况都非常紧急,所以没有时间安排正式会议,必须立刻采取行动。你可以直接走到上司的工位旁,或者通过即时通信工具联系他们,问他们是否有时间聊一下。

次日反馈(24~48 小时)

大多数强烈的情绪,包括愤怒,通常不会持续超过一个小时。[2] 例如,你因为上司公开批评你的想法而感到被针对,但又一时无法搞清楚原因,那就不妨先睡一觉,整理一下思绪,这样你就可以带着更清晰和更客观的态度展开沟通。要准确把握你上司的风格:如果他们喜欢正式的沟通方式,你可以提前预约会议，以让他们有心理准备："明天我们能否抽出一点时间聊聊昨天的发布？我想详细讨论几个要点。"你也可以在一对一会议或者在其他对话时顺便提起："关于您昨天的意见，我想说几句……"

一周或更长时间后反馈

对于复杂或敏感的问题，你需要更多的时间和空间来收集数据、与相关人员沟通，并制定具体沟通策略。例如，你觉得上司似乎在截止日期方面对其他同事更加宽松，并因此对你颇为不满，与其直接冲进他的办公室质问，不如先观察一下他是如何对其他团队成员进行追责的，这样你就能搞清楚这到底是不是一个长期存在的问题。在几乎所有情况下，你都需要提前安排会议，因为上司可能已经忘了这件事，因此你需要先唤醒他们的记忆。他们甚至可能没有意识到你想讨论的内容是个严重的问题。你可以这样提出问题："我预约了周一的时间，希望和您就如何处理截止日期一事进行充分沟通。"

请根据问题的严重性、涉及的人物个性以及你所在组织的文化来调整你进行反馈的具体时间。请记住，把握好时机和情境才是根本。在大型团队会议或其他高压时刻到来之际，突然向上司提出反馈，可能会让他们措手不及，甚至会让他们觉得你不体贴、缺乏大局观。此外，当有关键利益相关者（无论是内部或外部）在场时，你、你的同事以及你的上司一定要统一立场，至少表面上如此。当着上级或客户的面反驳上司可能会让他们感到难堪并触发他们的防御心理，而这最终会对你不利。

提出建设性批评意见

想要做出最优质、最有效的反馈，你往往需要先沉下心来剖析你的不满，并具体想清楚你到底有什么诉求。通过放慢节奏，你能够获得更清晰的视角，从而降低在关键时刻"卡壳"或情绪失控的可能性。这种慢节奏还能帮助确保反馈的公平性，而不仅仅源自你自身的焦虑，例如，你指责上司在回复邮件方面过于拖沓，但实际上是因为你对某个截止日期过分紧张。

花几分钟时间写下或在脑海中梳理你对上司性格或动机所做的笼统**假设**。但要注意，这些感性假设只能供你自己参考，它们可以帮你厘清思绪，但并不适合向你的上司或其他人分享。接下来，你要明确你的这些假设在实际行为中的具体表现，即那些你想要提出反馈的具体**行为**。最后，设想一下经过积极**改变**后的样貌。以下是一些例子（见表5-1）：

表5-1 如何提出有效反馈示例

假设	行为	改变
上司是个事无巨细的过度管理者	连买个小额办公用品都得抄送邮件给上司	我希望与其达成共识，明确哪些类型的决策或邮件需要他们发表意见，这样我可以对自己的工作拥有更多的自主权
上司性格反复无常，思维跳跃	上司在没有给出任何解释的情况下就把战略重点从项目A转向了项目B	希望在转移工作重点时能简要说明原因，以便让团队保持对齐
关键时候总是找不到上司	上司经常推迟我们的一对一沟通，也不回复我要求重新安排会面时间的邮件	如果无法面对面沟通，希望我们能够通过即时通信工具进行快速沟通
上司总是把责任推到我身上	当客户抱怨错过截止日期时，上司在高管团队前将问题归咎于我，却只字不提他自己在审批上拖延了整整一个月	以后发生类似情况时，先在内部沟通解决，以免高层领导对我们整个团队产生负面看法
上司行事专断，像个独裁者	在没有征求我们意见的情况下，上司完全不顾及对工作流程的显著影响，直接下令更换了我们的项目管理工具	我希望在全面推行新工具之前，能够先试用一段时间，以让团队有机会提供反馈

收集会议记录、绩效指标、调查结果、变更日志以及其他"证据"，将"我觉得你总是做某事"转化为"实际上就是如此"。如果你的上司总是频繁更改优先事项，你可以提供其他利益相关者或客户表达困惑的邮件，这些材料会非常有说服力。如果上司将项目延误归咎于你，你可以拿出一份时间进度表，把你交付工作的时间与他们批准的时间来个清晰对比。希望你不会把这些证据摆在桌面上，但请将其放在手边以备不时之需，因为在关键时

刻这些证据能增加你言辞的可信度。

让对话围绕对方展开（以积极的方式）

当反馈的关键时刻到来时，你就要利用已经确认的具体情况，对上司展开有针对性的提问，比如，"能否占用您几分钟时间，谈谈我们上次与客户的沟通情况？""我可以就项目进展提出一些建议吗？"这种方式不太容易引起上司的防备心理，同时还能巧妙地从他们那里获得初步认同。作为一种基于"最小共识"原则的策略，这种"微认同"能够使他们更开放地参与后续对话。[3]

在建设性冲突中，我们常被告知要专注于自身以及自身的感受，但在反馈对话中，情况恰恰相反。与其一开始就抛出自己的关切和建议，不如先站在上司的角度，试着从他们的视角审视问题。这样，你就能够引起上司的共鸣，从而与之建立一个共同的目标。

如果你还没有机会像第 2 章中描述的那样准确识别上司的具体风格，那也没关系。你只需根据迄今为止的互动和观察做出最佳推测即可。我们的目标是以一种让双方都感到尊重且具有建设性的方式来开展对话：

- 对于指挥官型上司，你可以这样说："我希望我们在这个项目上取得成功，所以我想讨论一些有助于实现这一目标的事情。""我认为重新评估工作分配方式是一个机会，可以让我们取得更大的成果。"要避免使用情绪化的语言，多使用结果导向的表达。

- 对于啦啦队长型上司，你可以这样说："我想和您澄清一件事，因为我觉得这会对关键利益相关者如何看待我们的努力产生重大影响。""我注意到，如果我们在行动计划中增加一些细节，整个项目的影响力肯定会得到显著提升。"要充分利用他们对良好声誉和高能量的渴望。

- 对于护理员型上司，你可以这样说："您总是把团队的最佳利益放在首位，这就是我想和您谈谈如何在领导层获得您更有力支持的原因。""我觉得我们之间存在一些未解决的紧张关系。如果我们能把问题摊开来说，这将极大提升我的动力，让我更有信心应对接下来的挑战。"这个类型的上司天生具有支持你和他人、维护团队稳定并致力于营造和谐氛围的内在动机，你要做的就是要与这种动机建立共鸣。

- 对于管控员型上司，你可以这样说："为了确保一切顺利运行，我想和您坦诚地谈谈我考虑了很久的一件事。""我知道您一直在思考如何优化我们的流程，所以我想和您聊聊如何通过运用新方法来实现改进。"要呼应他们对逻辑和系统的热爱。

逐步切入反馈对话的做法不仅仅是为了缓和冲击，更是为了将你要表达的内容与上司的自我认知和世界观实现对齐。这种做法在心理学中被称为"自我卷入"。通过从一开始就使用这一策略，你可以更轻松地绕过他们的心理防线，并以一种他们能够注意到的方式展开沟通。当你的反馈涉及他们的性格或人际交往风格等敏感话题时，这一点尤其重要。

直击问题核心

既然已获得了上司的注意，此刻你就需要切入正题。但请记住，不要像松鼠吐坚果一样把所有积压的问题一股脑儿地抛给上司，而是要遵循你之前所制定的"假设 – 行为 – 改变"框架。你应以如下方式进行反馈：先承认具体的行为，然后直接引出期望的改变，同时彻底摒弃你的主观假设。还记得我们在第 3 章谈到的"提出可行的前进路径"吗？你可以在这里运用同样的策略。最好的反馈方式就是搁置无法改变的过去，提出一个清晰、具有前瞻性和建设性的想法，然后让你的上司对此表达意见、想法或担忧。下面是一些常见情况示例。

- **你没有获得明确的指示或任务目标**。我注意到，在最近两个项目的启动会上，项目范围都没有得到界定，这让我对自己的职责感到有些困惑。任务责任不明确导致我做了很多的重复性工作。为了能够把工作做好，建议我们制定一份项目概要，以明确目标和具体交付内容，并在项目开始时就进行共同审查。您觉得将此纳入我们的工作流程是否可行？

- **你无法及时获得批准或缺乏必要信息**。我们最近遇到了一些阻碍，我发现我们的项目常常因为需要等待审批或者缺乏关键信息而被迫停顿。例如在预算审批时，我们的工作就陷入了停滞状态。我们可否为某些类型的审批设立快速通道，这样您就能知道哪些是真正紧急且需要优先处理的事项？

- **你收到的指令很混乱**。在过去一个月里，有几次您给我的关于如何处理客户反馈的指令与营销部门提供的建议不一致。这让我很难决定下一步的最佳行动。以下是我正在使用的行事依据，您帮我看看是不是有什么遗漏的地方？

- **你的上司未能履行承诺**。您之前提到会让我参与战略会议，以便我可以针对某领域直接提出建议。然而我至今还没有被纳入这些会议中，因此错过了关于一些关键决策的讨论。今后我们是不是可以在沟通时就可以直接打开日程表，实时地将我添加到相关会议中，这样既把事情安排妥了，也不会给您增添额外的负担。您觉得怎么样？

- **你的上司频繁调整方向**。上个季度，为了处理其他紧急事务，我们已经三次暂停了 A 项目的工作。每次调整都让我们感觉偏离了整体目标，这很可能影响我们的最终业绩，届时将很难对我们的股东交代。您觉得我们是否可以每几周安排一次定期检查，以确保我们始终聚焦在那些对长期发展真正重要的事情上？

- **你必须参加冗长而漫无边际的会议。**我们的头脑风暴会议经常超时 30 分钟以上，我与客户的沟通对接也因此受到严重影响。我们是否可以为每个议题设置明确的时间段，并指定一位会议主持人来帮我们把控会议进度？
- **你的上司经常在对话时分心。**我们的一对一沟通时常被不断弹出的消息通知打断。我们是否可以在开会时禁用电子设备？这样我们就能够更专注地思考和交流，再也不用担心外界的干扰。

请注意，上述话术都没有针对个人，而是把重心放到了任务或问题上，这就避免了将问题归咎于个人的情况。这就相当于把你们双方放入了相同而不是对立的阵营之中，把"我和你的对抗"转变成了"我们和问题的对抗"。这些话术几乎都在用"我"而不是"你"来进行陈述，并避免了诸如"专横""苛求""软弱""敏感"等可能被视为人身攻击的词语。

洞悉上司立场

即使是最开明的上司，也需要时间来消化反馈，因此不要指望他们立刻就能给出非常积极的回应。如果你已经提出了解决方案，而你的上司不仅认真倾听了你的意见，而且认同了你的担忧，甚至进一步询问细节，那么此时就是你展现"向上共情"的时候了。简单来说，"向上共情"就是你要设身处地地体会上司在这种情况下的感受，并思考他们需要你做些什么。现在是时候把话语权交给他们了。你可以通过提问来深入了解导致问题的原因，或者探讨阻碍问题解决的因素：

- 如果是因为上层施压而导致问题复杂化，我希望能理解具体情况。也许我们可以想出一些应对策略。
- 我意识到这里可能有一些我不了解的因素。您能否分享一下更多关于整体情况的信息以及您目前所面临的情况？
- 我知道您面对着许多复杂的情况，而我可能只能管中窥豹。您觉得我们应该如何共同应对这些潜在的问题？

你的上司可能会透露一些隐情，比如意料之外的预算削减、优先事项的突然变化、高级管理层的人事冲突，甚至还有个人问题。因此，虽然你提出的反馈是为了解决自己所面对的难题，但如果此时你表现得像一个合作伙伴而非普通员工，你或许能帮助他们排忧解难，实现双赢。你要对上司的处境表示理解，但更重要的是提出能够帮助他们减轻负担的建议。

- 了解到您需要应对如此繁杂的状况，也让我对整体情况有了更清晰的认识。有哪些事情是我能够帮上忙的？只要您开口，我随叫随到。

- 非常感谢您的信任，更感谢您愿意敞开心扉，告诉我您面对的复杂情况。您所承受的压力远超我的预期，我能想象这有多么辛苦。只要对您有帮助，我就非常乐意在 X 方面帮忙。
- 我知道您手头有很多事情要处理，这也让我明白了这件事为什么会被搁置。要不让我帮您来处理这件事，以推动项目重新启动？

想要将反馈转化为实际的改变，不仅需要双方就下一步行动达成一致，还需要真正落实承诺，共同贯彻执行。在你提出解决方案后，你的上司可能会说："这件事我可以办到。"这就为确定下一步的行动开了个好头。你也可以直接问他："关于这件事，您肯定能说到做到吧？"或者使用温和提醒的办法，让他们能够在未来行动中考虑你的反馈意见，例如，你可以说："如果我发现您没有提供明确的方向，您希望我如何提醒您？"在某些情况下，提议定期追踪进展情况也是一种有效的办法，比如，你可以说："让我们看看事情的进展如何，我可以在 8 周后再回过头来讨论这个问题。"事后的邮件跟进也是一项明智之举。书面记录有助于确保有据可依，你可以通过邮件感谢他们愿意接受反馈的举动，并简要概述双方商定的行动步骤。

活学活用

当你的上司说：	你可以采取的回应：
我不知道你为什么把这件事看得这么严重	我并非要夸大其词或制造不必要的戏剧性。但事实是，A 行为已经影响到我的工作，进而削弱了我履行 X 职责的能力
我忙得很，没时间处理这个	我理解大家目前都在超负荷工作，但我仍然担心，如果我们不尽快解决这个问题，以后它可能会耗费我们更多的时间。我们有没有可能安排一个简短的讨论，即使只是为后续更深入的讨论做铺垫？
你怎么想对我来说无所谓	说实话，您这话让我感觉很难受。我原本以为反馈对我们双方都有益处。也许是我理解错了。有没有一种能够让我表达意见的更好办法？
我又不是这里唯一一个延误日期的人	我同意这是我们所有人都可以改进的地方，包括我自己。我主要想说的是，您在截止日期上的变动会产生连锁反应。如果我们能找到方法尽量减少您这边的延迟，我们就能更好地实现目标
我一直就是这么做事的，以前可从来没人抱怨过	您确实有经过验证的成熟方法，在这一点上我深表尊重。但我觉得，如果尝试另一个方法，我们可能会取得更好的结果。我在想我们是否可以在您已有的基础上进一步优化

(续表)

当你的上司说：	你可以采取的回应：
好吧，如果我们都实话实说，我对你处理 X 的方法也有一些意见	我很乐意倾听您的意见，我们也应该安排时间对此进行专门讨论，但今天让我们先集中解决我提出的这个问题。我们可以另找时间专门讨论您对 X 的看法
行啊，随你怎么说，我看你才是这里的老板！	我希望通过分享我的想法，能够帮助我们找到更好的合作方式。也许我们可以暂时搁置这个话题，改天再聊

"话"外之计

稳住局面

在表达完自己的观点后，你要给你的领导留出消化对话内容并做出必要调整的空间。对于涉及微小变革的反馈，你至少要等待两周后再评估效果；重大转变则可能需要一个月甚至更长时间。如果你的反馈是针对某个具体的项目，那就要等到项目结束，或者至少到下一个里程碑时，再评估你的领导是否采纳了你的意见。

作为职级较低的一方，你通常需要主动跟踪进展并提出温和的调整建议。同时，作为反馈的提出者，你也需要增强对任何变化（或无变化）的敏感性。虽然承担额外责任可能会让人沮丧，但请记住：你所推动的变革不仅对你自己有益，还可能对团队乃至整个公司产生积极影响。

在大多数情况下，你只需要一些很简单的手段就足以跟踪事件进展。例如，对显示积极进展或有改进需要的邮件和消息进行标记或收藏；你也可以用手机来快速记录要点，每周花 10 分钟记下你的观察结果，或通过与同事的闲聊来了解他们的看法。以下是一些关于跟进调整的话术：

- 我记得我们谈过尝试 X 方法，我认为它能有效解决 Y 问题。您还愿意尝试吗？
- 我们之前就 X 问题进行了非常有成效的探讨。我一直在关注情况的进展，但似乎我们在 Y 问题上仍然有些偏离轨道。要不我们试试 Z 方案？这个方法或许更能快速见效。
- 看起来 X 方案还没有完全落实，尤其是在 Y 问题方面。我们可以聊聊是什么阻碍了它的进展吗？

积极肯定

即使你在表达意见时措辞把握得非常精准得当，向上反馈仍可能导致你们关系上的紧张，因为你或者你上司可能会产生防备心理，并引发尴尬、对立或不安等情绪。在这种情况下，通过积极肯定来修复双方关系就变得至关重要。[4] 指出你上司做得好的地方或者认可其为调整做的努力，能够在很大程度上缓解反馈可能引发的摩擦。但请注意，你的态度一定要真诚，绝不能表现出敷衍之意：

- 上次您采取了 A 措施之后，效果变化非常大。
- 感谢您愿意聆听我的想法，而且我注意到您已经着手落实我们讨论的内容了。这对我来说意义重大。
- 我知道这个新方法还不完美，但相关进展着实令人鼓舞。您在如此忙碌的情况下还能把这件事情做得这么好，实在是令人钦佩！

赞美上司可以产生奇效，而且绝不仅限于提出批评后的关系修复。和其他人一样，领导者也渴望获得认可。一位读者告诉我："真诚感谢他人的体贴和努力有着非常之效。领导者肩负重担，却很少得到赞扬，大多数时候他们只会听到来自上级或其他人的抱怨。赞扬我身边的高层管理者让我在后来寻求帮助时得到了更积极的回应，他们也更愿意帮助我。"这位读者的经历呼应了如下事实：高达 53% 的副总裁和总监以及 42% 的高级经理希望从团队中获得更多认可。[5] 这是一个合乎逻辑的结论，因为认可和金钱奖励一样，会激发相同的大脑通路。[6] 因此，为了达到最佳对话结果，每当你对上司提出一条批评性意见时，你也要争取给予其五条积极评价。[7] 可以尝试运用如下话术：

- 您的全局性思考方法深深启发了我，现在我已把这一技能复用到了自己的团队中。
- 您对我报告的指导打破了我的思维定式，最终成果也因此有了显著提升。
- 很庆幸能够近观您与高层领导的谈判过程，这对我来说是一次极佳的学习机会。

终极手段

如果在遵循了本章所述的步骤后，你发现自己仍深陷僵局，且上司没有展现出任何改进或配合的意愿，那么可以考虑将越级汇报作为你最后的应对手段。请详细记录你提供的反馈（包括时间、地点以及具体内容）、上司的反应，以及你后续的跟进或沟通尝试。如果这种情况直接影响到团队的项目交付或内部协作，或者你与高管层有良好的关系，又或者公司文化鼓励开放沟通，那么向你上司的上级反映问题可能是一个正确的选择。但如果问题涉及违反公司政策、骚扰等敏感问题，或者通过层级反馈也无法解决，你就应该求助于人力资源部门。无论问题是什么，你都可以尝试按照以下方式来表达诉求：

我正在寻求建议，以解决一个我已经拼尽全力却仍未能解决的长期问题。在过去的 N 时间内，我已经多次就 A 行为向我的上司提供反馈，希望能促成 B 行动。虽然我多次提出 C、D 等多种解决方案，但情况依然未有改变，且已导致出现 X 和 Y 等负面影响。我希望您能支持我继续推进此事。

随机应变

如果你遭遇报复

不幸的是，在你提出反馈或将问题越级上报后，你的上司可能会试图对你展开报复，比如将你排除在会议之外、剥夺你的某些职责，或者过度挑剔你的工作。在理想情况下，你应该向人力资源部门报告此事，因为他们通常受过专业培训，能够谨慎公正地处理报复行为。此外，你也可以采取以下自我保护措施：

- **不动声色地记录**。用"为确保我理解正确……"等话术，轻松自然地确认上司的决策或评价，随后通过邮件总结关键内容。在发送重要邮件时，尤其是那些涉及问题说明或寻求澄清的邮件，开启"已读回执"或"送达确认"功能。主动申请做会议记录，这样你就可以在一定程度上掌控传达给他人的叙述内容。

- **收集正面评价**。来自客户、同事和其他管理者的正面评价很难被反驳，并且可以用于对抗不公正的批评或打压行为。使用数字协作工具（如 Slack、Microsoft Teams、Asana、Google Docs），让你的贡献和他人的认可被自动记录下来。这不仅可以起到自我宣传的作用（详见第 7 章），还可以对抗任何毫无根据的指控。

- **扩大讨论范围**。如果你的上司在一对一沟通中批评或质疑你的工作，你可以说："我认为让更多人提供意见会很有帮助，所以我会在下次团队会议上提出这个问题。""在我做出您要求的更改之前，我会再与相关人员 / 部门讨论一下。"

- **拒绝被边缘化**。主动和同事沟通，确保自己随时了解最新动态。主动在项目中提供帮助或见解。利用社交媒体展示你正在做的工作。如果其他人知道你在做什么，并知道你能提供什么价值，那么你的上司就更难孤立你。

- **反击吹毛求疵**。引导上司给出你所期望的反馈："我知道您不喜欢黄色的配色方案，但我们还没有到讨论颜色调整的阶段。不过，我愿意听取您关于整体美学风格的建议。"而类似"我的经验和你的说法不太一致，能否举个例子？"或"我有点困惑，您是如何得出这个结论的？"这样的回应，则能促使你的上司更清楚地做出逻辑解释。

如果有人出言不逊

你的上司称某样东西像"贫民窟"一样,男同事将女同事称为"小姑娘们",一位资深领导评论道:"排灯节?斋月?我搞不清楚这些奇怪的节日。"无意中听到这些偏见、歧视或无知的言论是一回事,而成为直接受害者则是另一回事。无论你是此类言论的直接目标还是目击者,你都可以借用以下方式来回应:

- **及时发声制止**。如果对方是你的同事或上司,并且你与他们关系不错,你可以直接回应说:"很抱歉,但我不能让这种说法就这么过去。这既带有偏见,也不合适。"或者说:"我不喜欢你用这个词来称呼我。"在面对高管或上级时,你的语气可以更温和些,比如,"以偏概全不太合适,我们还是要关注事实。""作为有色人种,您的这种冒犯性言论让我颇感不适。我希望我们在后续讨论中能够避免此类言论。"
- **当场提出质疑**。你可以这样问对方:"你能解释一下为什么说我开会时太情绪化吗?我不是很明白你的意思。"或者:"在您看来,到底哪些具体行为让同事觉得她很强势?"你也可以把事情和对方的价值观联系起来:"我知道您向来都主张机会平等,但以我家庭责任过重为理由不给我晋升的机会,这与您的初衷完全相悖。"在很多时候,即便是简单地说一句"能重复一遍吗",也能够促使对方审慎思考言语不当可能带来的负面后果。

- **提供替代说法**。你可以礼貌地建议他们换个更得体的表达方式:"与其说'那个想法太疯狂了',您不如说'那个想法非常有野心',这样可以传达同样的意思。"你也可以分享自己的经验:"我发现'帕瓦'①这个词可能带有冒犯性,直接说'讨论会'或许会更好一些。"

- **私下提出问题**。有时你可能会在现场被震惊得无言以对,有时你需要找时间冷静下来,稳定一下思绪,或者需要弄明白为什么某个评论让你感到不适。之后你可以再找机会和对方沟通:"我想聊聊您昨天提到的关于年轻员工如何应对压力的问题。我担心这种说法可能会无意中给团队传递错误的信息。我希望找到一种不以年龄为依据的任务分配方法。您觉得呢?"

- **引导换位思考**。要学会把问题反过来抛给他们:"如果我说你的口音让你听起来很没有文化,你会有什么感觉?"或者:"如果我因为你上的学校而质疑你的能力,你会觉得舒服吗?"在与掌权者交流时,你可以通过真实故事来突出冒犯性言论的影响,让其更具代入感和现实感:"我曾经参加

---

① 帕瓦,音译自 powwow 这个词,指的是北美原住民的传统集会或仪式,通常包括舞蹈、歌唱、交流和庆祝。但在现代的北美语境下,使用帕瓦来代指开会可能会被认为具有冒犯性,不尊重原住民,所以作者认为要小心使用。——译者注

过一个具有明显种族刻板印象的破冰游戏，当时几乎所有人都感到非常不适。"

项目执行很少能一帆风顺，总不免遇到分歧，我们也没有人能表现得始终完美如一。提前就如何处理分歧达成共识，往往能够让向上或横向反馈变得更加安全、轻松和直接。要提前就潜在问题进行探讨："在这个过程中，我们不可避免地会就如何管控、处置以及解决问题产生不同的看法。您希望我们如何应对这些分歧？"要想提升反馈技巧，尤其是针对你上司的反馈能力，你一方面需要加强练习，同时也要保持真诚的合作动机。每周都花一点时间进行练习，除了要留意做得好的地方，也要巧妙地利用本章所传授的方法，去巧妙地应对各种不足之处。长此以往，你的上司会更加理解你的观点，更加信任你的判断，并更加欣赏你敢于直言的能力，也会有越来越多的人发现你思考周全且深入的优点。这种声誉可以为你打开新的大门，让人脉开拓变得轻而易举，而这正是我们将在下一章讨论的问题。

第 6 章 人脉对话

汇聚人脉，赢得支持

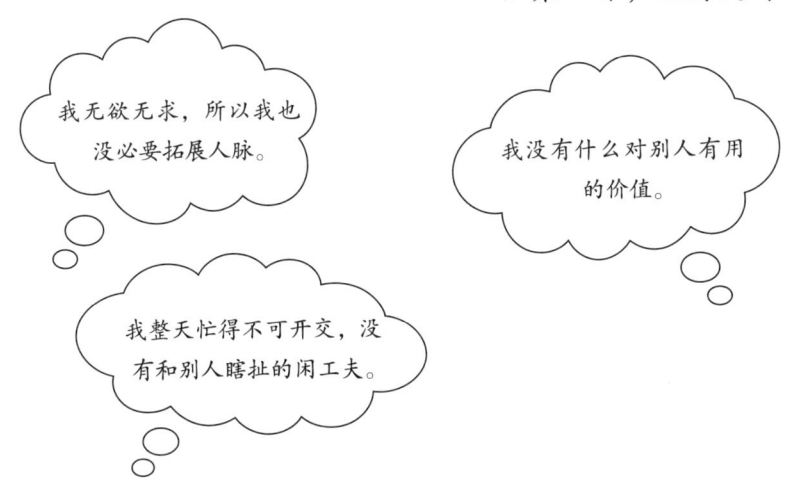

> 我无欲无求，所以我也没必要拓展人脉。

> 我没有什么对别人有用的价值。

> 我整天忙得不可开交，没有和别人瞎扯的闲工夫。

作为一家全球技术咨询公司的英国市场分析师，莱蒂西亚需要长时间独自埋头于数据分析和撰写报告。虽然她非常享受独立研究给她带来的智力挑战，但由于公司规模庞大，再加上她每周只去伦敦办公室一两天，莱蒂西亚总觉得自己像是一台大机器中的一个无名小齿轮。

"我刚收到邮件，说我的几位国际同事被选中参加一个高级分析培训项目，我其实也非常想参加。"在咨询开始时，莱蒂西亚如此向我解释道。当她询问自己非常信任的上司为什么没有跟她提及这个项目和推荐她时，莱蒂西亚得到的回答是："我不知道这个项目对英国分析师开放。"

虽然和上司关系融洽，但莱蒂西亚意识到，在获取关于职业发展的信息及支持方面，自己有点过于依赖上司了。"过去我一直觉得英国团队充满凝聚力，并将其视为我们的一大优势，但在季度会议前的闲聊中，我意识到其他国家的同事实际上彼此都认识。我从来都不擅长拓展人际关系，但如果我不做出改变，我知道我会再次错过机遇。"

我让莱蒂西亚思考如何能更好地了解同事和结识新人。"嗯，我非常擅长信息整理，所以我或许可以策划一份每周必读清单，并将其发布到我们内部的'科技女性'频道。"令莱蒂西亚出乎意料的是，这份汇总几乎立刻得到了热烈的反响。莱蒂西亚与另一业务部门的项目经理伊莫金展开了频繁的互动。虽然伊莫金常驻洛杉矶，但曾经在伦敦工作，于是莱蒂西亚给她发了一封邮件，提议通过视频会议平台 Zoom 进行交流。"我一直梦想着定居国外，"她写道，"但如果没有工作安排的话，这个愿望就很难实现。你方便告诉我你是如何完成转岗的吗？这里面还有哪些值得注意的问题？"伊莫金同意了视频通话的提议，在她们交流的过程中，她多次提到索菲——一位她称为"签证和转岗魔法师"的人力资源经理。通话结束时，莱蒂西亚感谢了伊莫金毫无保留的分享，并问她是否能把自己介绍给索菲。三个月后，莱蒂西亚满面春风地跑来找我。"我要搬到加州了！"她兴奋地对我说，在得到了索菲的帮助以及和上司协商之后，她已经做出了最终决定,"我昨天收到了美国团队的录用通知!三周后我就要启程了!"

"两年前我就应该开始建立这些关系了,"莱蒂西亚在向我道别时告诉我,"现在我终于明白了人脉对话的重要性。"

人脉对话,就是你积累社会资本的方式。[1] 社会资本是一种你在职场中赚取和花费的货币,它不是以美元来计算,而是通过对信息、资源等的获取方式来体现。有盟友告诉你事情的真实运作方式,指出谁才是真正的决策者,并向你透露你原本无从得知的信息,这会使你在前文所讨论的所有对话中更加如鱼得水。此外,向上管理不仅仅是影响你的上司,还关乎如何在整个组织中战略性地建立和利用人际关系。强大的人脉网络不仅可以帮你绕开官僚习气,扩展你获取资金、人力和空间等资源的能力,简化你的个人工作,还能让你对隐形规则、即将发生的变革以及权力转移等内部动态有着更为全面的掌握。

但像莱蒂西亚一样,也许你一直把人脉对话放在了事项优先级清单的最底部,结果却发现,当你需要快速获取应对公司办公室政治的建议、希望被引荐给潜在客户或了解新市场时,竟然无人可求助。从长远来看,这可能会让你陷入一种危险的境地:你可能会被重大的组织变革打得措手不及,受制于各种烦琐的规章程序,甚至陷入更加糟糕的境地。

主动拓展人脉的行为难免会让人产生尴尬情绪,而本章内容的任务就是教你如何克服这个问题,避免让你再度产生中学时代的那种社交恐慌。首先，你需要主动接触新人。但在建立关系时，没有人会希望让自己看起来是在讨好别人，或显得过于急切，因此，本章会教你一些具体的话术和策略，让你在拓展人脉时不会显得过于谄媚。当然，最重要的是，我会详细指导你如何才能让一场人脉对话更像是思想的碰撞，而不是乞求恩惠。我们会讨论不同的技巧和注意事项，教你如何在提出请求的同时不会招致对方的反感或给对方造成压力。我们还要教你如何构建长期人脉关系，而不仅仅是关注眼前的利益。

人脉对话标志着一个重要的转折点：你不再仅仅是改善或应对当前的处境，而是在积极创造自己的未来。它为可见度对话（详见第 7 章）奠定了基础，因为当有影响力的大人物认出你的名字时，你的地位会得到提升，他们也会更认真地看待你的成就。他们可能会邀请你参加重要会议，让你获得在高层领导面前展露才华的机会，你也可以借机在更多人面前展现你的能力。这种认可随后将为你打开通往晋升对话（详见第 8 章）的机会之门，让你有机会提前获得新职位的任命或得到晋级。别再想着一步步攀爬企业阶梯了，你要做的是构建一张巨大的人脉网络，让你能够随时随地得到有力的支持。

主动表现自己

很显然，如果你没有可以交流的人，就无法进行人脉对话。

得益于纯粹曝光效应①2，一个人与你接触的频率越高（哪怕只是一些看似不起眼的接触），就越有可能与你建立联系。以下是一些可以让你和想结识的人"偶遇"的方法：

- 加入兴趣小组，结识来自不同部门或职级但拥有相似兴趣或背景的人。
- 参与跨职能项目或特别工作组，了解更广泛的业务并与其他同事建立联系。
- 参加内部读书会，通过分享观点和相互学习的平台建立联系。
- 在公司内部论坛上发帖，与组织内的其他人交流互动。
- 乘电梯而不是走楼梯，或去不同的地方喝咖啡，如果这意味着你更有可能遇到新的或有影响力的人。
- 开会时坐在决策者附近或面向门口的位置，这样更容易开启对话。
- 参加公司郊游、团队建设活动或下班后的聚会。

无论你处在职业生涯的哪个阶段，请记住，你都没有时间和精力与所有人建立联盟。因此，在进行人脉拓展时，请优先接触以下几类人：

---

① 纯粹曝光效应（mere exposure effect），一种较常用的内隐记忆测验。被试者对原来不熟悉，但通过接触而熟悉了的刺激产生偏爱的效应。——译者注

- 决策者。剧透一下：你的上司只是能够决定你职业轨迹的众多角色之一。你上司的同事，其他部门的领导，甚至客户、董事会成员或外部合作伙伴都可能是值得你靠近的重要人物。
- 有影响力的同僚。比如，偶尔碰面的异地同事以及每年会合作几次的跨职能项目成员，他们中的任何人都有可能在关键时刻向你伸出援手。
- 幕后高手。包括支持和行政人员，如信息技术部门、会计、人力资源和后勤人员等。虽然这些人常常被忽视，但他们可以成为你获取内部信息的重要来源，并且可以在你需要时帮你"牵线搭桥"。

最后，在制定人脉拓展策略时，一定要考虑权力差异以及你与高层接触的程度。在规模较小的公司（5~100 名员工），你完全有可能与高管认识并与他们保持联系；但如果你是在一家大型企业（150 名到数千名员工）且处于职业生涯的早期阶段，那就别指望很快就能和首席执行官喝咖啡了。你还需要从公司文化中寻找线索。高管层是倾向于开放式沟通还是坚持正式交流？留意他们愿意与你建立联系的迹象，比如主动和你闲聊或对你的工作表现出兴趣。像合并或管理层更替这样的组织调整，通常都会因为角色和态度的变化而产生人脉拓展的机会。

活学活用

你永远没有第二次机会去重新塑造第一印象,因此,为了充分展示你的能力和亲和力,你需要随时准备好一段引人入胜的自我介绍。[3] 你可以借助以下模板来打造独特的个人形象。在下一章中,你还将学习到如何撰写一份更详细、更具故事性且更能突出你成就的个人介绍。

适用于公司聚会、活动以及随机或偶然相遇的简短自我介绍

模板: 很高兴认识您!我是XXX,我在X部门/团队,XXX是我的领导,我主要负责X项目/计划。您呢?

举例: 很高兴认识您!我是吉米,我在A公司的企业责任部门工作,阿比盖尔是我的领导,我的任务是确保公司所有业务都符合环保目标。您参加这次会议的目的是……

适用于会议、全员大会及其他更正式场合的详细自我介绍

模板: 我是XXX,担任X职务。我拥有XX专业背景,目前正致力于帮助XX理解/实现/达成XX结果,以实现XX目标。目前,我正在负责X项目,这些项目已经或将要带来XX成效。

> **举例：** 大家好，我是吉米，A公司的企业责任分析师。我有环境研究的专业背景，目前正在协助我们的运营团队优化制造流程的可持续性，以求在降低成本的同时为减缓气候变化贡献力量。目前我正在对工厂进行风险评估，这项工作将为我们的年度发展规划提供指导。

掌握请求的艺术

如何在不显得急切或冒昧的情况下，说服一位新联系人同意与你进行电话交流、喝咖啡或共进午餐？如何在寻求帮助时避免给人自私的印象，或让对方感到被利用？你或许永远不会和你社交网络中的所有人都成为挚友，但这些关系也不必是纯粹的利益交换。若能处理得当，你肯定可以建立真诚互惠的人际关系，这种关系不仅能够为你提供当下支持，更能在未来为你带来深远的职业影响力。

将请求具体化

忙碌的人总会审慎分配精力。因此，如果你在没有明确目标或方向的情况下就贸然去接触那些大人物，往往只会引发他们的反感。更好的策略是提前明确你的诉求，这样对方就能够快速评估状况，并决定是否能够或者愿意向你提供帮助。

与其编造牵强的见面理由，不如提出一个小的请求，并以此证明当面交流的必要性。小请求通常耗时少、投入低、风险小、内容具体，且通常与以某种方式获取信息有关。请参考以下示例，从中选出一个可行的信息类请求，以供当面交流时使用。

- 请教对方所观察到的尚未成为主流的新趋势。
- 学习能使你在岗位上取得成功的最佳实践和已验证策略。
- 深入挖掘公司文化中的隐形规则。
- 了解组织内的工作提案、评审与批准流程。
- 探究项目或人际关系的背景信息，以规避复杂的办公室政治博弈。
- 询问他们对可能影响团队近期变化的看法。
- 了解近期某项计划的进展以及经验教训。
- 请对方分享其团队开发的模板或示例演示文稿。
- 寻求对方把你引荐给其他部门、高层领导或客户。
- 获取供应商或合作伙伴的推荐。
- 咨询借用特殊软件、设备或会议室的方法。
- 探索访问独家分析、市场调研或其他数据库的最佳途径。
- 获取如何利用企业合作伙伴关系、闲置预算或未充分利用的人力资源的信息。

- 申请加入公司开发产品或服务的早期测试组，让你和团队始终处于创新前沿。

虽然你的长期目标是为了获得某种类型的职业支持，但切勿贸然在刚认识某个人时就直接向其提出重大请求，比如要求得到一份新工作或大笔资金。这就好比初次约会时就向人求婚，如此突兀的跃进只会显得咄咄逼人或缺乏常识，因为关系的建立需要一个循序渐进的过程。

如何获得见面机会

若近期无法偶遇你的目标联系人，你可能需要通过电子邮件请求安排一次会面，但这并不像看起来那么简单。普通职场人士每天会收到超过 120 封新邮件，但只会回复其中的 25%。[4] 高管的邮箱更是会被洪流般的邮件淹没。因此，你的邮件必须从标题开始就抓住他们的注意力。为确保收件人能在多数设备上快速浏览到关键信息，邮件标题应当控制在 30~60 个字符。你可以尝试以下方式来撰写邮件标题：

- **以个性化吸引注意**，如："XXX 先生，关于 X 话题的沟通"或"XXX 女士，请教关于 X 的相关问题"。
- **提及某项共同联系**，如："跟进 X 活动后续"或"XXX 建议我联系您"。

- **强调你们的共同点**，如："同为女性小组成员"或"探讨在 X 领域中的共同兴趣"。
- **赞美对方的成就**，如："受您在 X 项目中领导力的启发"或"非常喜欢您关于 X 主题的演讲"。

那些大忙人往往只会快速浏览邮件。如果你发送一大段密密麻麻的文字，他们会直接忽略你的邮件，而且绝对不会回头查看。把邮件正文限制在 200 字以内。同时，避免使用模糊的表达，比如"我希望见面聊聊"，这种说法明显缺乏目的性，也不要使用"我想向您请教"这类说辞，因为这可能听起来过于功利。要具体说明你联系对方的动机，你们之间有何共同联系，以及你到底欣赏对方的哪些具体成绩。如果你能够为对方提供实际的帮助，比如针对某话题提出独到见解、为对方项目提供建议或者主动引荐资源和人脉等，一定要记得在邮件里做重点强调。但如果你还没有在你们之间找到明确的契合点，也不要强行提出价值主张，因为这可能会显得不够真诚或像是在过度讨好对方。

以下是一封邮件样本示例（更多示例请参见"活学活用"部分）：

主题：感谢XXX——X 项目策略

XXX，您好！

再次感谢您本周早些时候为 X 团队所做的分享。我当时坐在共同联系人 XXX 的旁边，非常欣赏您关于 X 主题的分享。目前，我正在领导一个专注于 Y 领域的类似项目。在过去三个月里，我们在 Z 方面遇到了一些问题。鉴于您在此领域的专业经验，我能否下周与您进行 20 分钟的电话沟通？您在这些方面的经验会给予我们很大的帮助。此外，若您认为我在 Y 领域的知识会对您的 X 项目有所帮助，我也非常乐意向您做分享。

在尝试安排会面时，是应该直接提出具体的时间建议，还是先给对方发送一个日程预约链接？对此的偏好可能因人而异，所以你还是要遵循你所在公司的惯例。如果对此不确定，你可以向对方提出 3~5 个可选的时间段，并表明你可以灵活调整，特别是当你职级较低的时候："我下周这几个时间段都可以，同时也看您的时间安排。若您觉得线上会议更方便，我们也可以在线沟通。"

即便对方拒绝了通话或会面邀请，你也不应泄气，而是要为自己的主动姿态点赞，然后继续前行。情况总是在变化，未来或许会出现新的沟通契机。此外，你可以采用本章稍后会介绍到的策略来增强彼此的关系，为未来的人脉拓展创造更多可能性。如果在10~15天内没有收到回应，你可以用礼貌的方式提醒对方，但要注意，你的总跟进次数不要超过两次。

活学活用

你或许在想，"我就不能直接发邮件表达诉求吗，为何非得当面沟通？"可以这样做，但并不推荐。因为当通过电话或面对面交流时，你能够更真实生动地传递那种极富感染力的积极情绪，比如你的热忱和专注，这远比异步沟通更能帮你快速建立联系，也更能促使对方帮助你。[5]

获取高管对公司文化的见解

主题：关于X话题的一篇好文章

XXX领导，您好：

我在本月的公司通讯中读到了您关于X话题的文章，您关于Y趋势的观点，尤其是您的XX等独到看法，给我留下了非常深刻的印象。作为一位已在A公司工作多年的资深人士，您显然对公司的内部运作有着极为深厚的理解。我刚刚加入XX团队不久，非常想就如何适应公司文化并取得成功等问题向您取经。接下来的几周您有时间吗？我想请您一起吃个午饭。我这里有几个关于时间和地点的建议，当然也可以根据您的日程来定。

通过跨部门同事引荐重要客户

主题：我是通过 xx 找到您的

XXX，您好：

很高兴能联系到您。我在翻阅过往 X 客户存档时多次看到您的名字，所以决定联系您。从下个季度开始我将与该客户展开更多的合作，因此我非常希望能借鉴您的成功经验，并就如何更好地与客户拓展联系向您请教。我们下周四能一起喝杯咖啡吗？

试探同级部门能否借调人手

主题：关于关键项目 X 的合作事宜

XXX，您好：

我们团队正在制定未来六个月的路线图，所以我的上司 XXX 建议我直接联系您。我知道我们之前在很多会议上见过面，但一直没有机会单独交流，不知道您是否愿意通个电话？

> 我可以跟您聊聊我们的计划，同时也非常想就如何合作来优化双方团队的资源听取您的想法。

高效开场

在社交会面中，大多数人都希望提前了解大致的讨论内容。为一个 15~30 分钟的电话沟通或氛围轻松的午餐交流发送正式议程可能显得有点小题大做，但发送一条确认短信还是很得体的，因为这既能表达你的期待之情，又能为对话设定大致基调，比如，你可以说："期待周四的咖啡聚会！希望咱们能聊聊 X 话题。"这种简短信息不仅一开始就表明你不会浪费他们的时间，还能帮助对方更加开放、放松，并专注于讨论的主题。

记住，发起会面的是你，因此引导对话是你的责任。诸如"我其实没有特别具体的事情，只是觉得聊聊天挺好"或"不知道该聊什么，但很高兴能见面"这样的被动表述，一方面会让你看起来根本毫无准备；另一方面，过度的敬畏和感激（例如，"真不敢相信您能从百忙中抽时间见我！"）虽然看似礼貌，但实际上会使你处于从属的地位。要坚持使用"思想交流"的语言，比如"很高兴我们今天能聊聊""很感谢我们能这样交流""能有这个时间一起讨论真是太好了"等表述。

对于时长 30 分钟或更短的会议，要将闲聊限制在 3 分钟以内，这样你才能最大化地利用好讨论时间。对于 1 小时或更长时间的会议，5~10 分钟的闲聊较为适当。正式的办公室环境或线上虚拟会议通常需要更快地切入主题，而在咖啡馆会面则更适合多一些闲聊。不过，要留意对方的举止。如果他们以保守或公事公办的风格著称，或者你注意到他们回答简短、心不在焉或急躁不安，那就要及时调整话题。

充分互动

一旦准备好切入正题，你就可以抓住寒暄中的某个自然间歇，通过以下几种方式将话题礼貌地引导至你想要讨论的主题上：

- **提及双方时间安排**。你可以说："考虑到我们的时间都很宝贵，现在开始进入正题吧。"或者说："我们知道大家都还有其他安排，所以如果您不介意，让我们开始讨论 X 话题吧。"
- **化解话题突转尴尬**。比如，你可以说："突然转换话题可能有些唐突，但正如邮件提到的，我特别希望能听取您对 X 的看法。"或者说："虽然话题转得有点急，不过我很想请教您对于 X 的看法。"
- **建立双方话题关联**。"您刚才提到的 X，实际上与我今天想讨论的内容密切相关。"或者说："再次祝贺您取得的 XX 成就，这给了我很大启发，其实这也与我想要请教的 XX 话题有点相关。"

随后建议用 1~3 分钟简要说明背景情况，并解释你为什么需要寻求他们的帮助或指导，然后再提出具体问题。可参考以下话术示例：

- 我即将调至 XX 团队，对此我非常兴奋，但我也有些担心能否快速适应新环境。我知道您之前与 XXX 代表人共事过，所以，您觉得我在前 3 个月里应该重点关注哪些方面的情况？
- 我的 XX 项目正在寻找擅长 XX 技能的资深平面设计师。据咱们的共同联系人 XXX 说，您在人才发掘方面眼光非常独到。根据您的经验，在寻找优秀外包人员时，我们该从哪些方面入手？
- 我即将接手涉及大量财务建模的 XX 职责。在公司会议上，我对你们团队的数据分析成果印象很深刻。所以我想了解一下，你们是如何收集数据来支持这些报告的？

和本书中其他对话所展示的一样，多听少说永远是你获得成功的法宝。当对方更多地分享他们的经验、知识和技能时，他们会更喜欢你，因为这种分享能刺激他们大脑中的愉悦中枢。⁶在交流过程中适时穿插一些简短的个人经历分享，既能提升你的可信度，又能让对话看起来不像是在审问，更加自然流畅。比如，你可以说："这与我之前的经历不谋而合。我在负责 X 时就发现了 Y 问题。这与您观察到的情况一致吗？"或者可以说："我一直在关注这个圈子，听说 Z 正在成为一种新趋势。"

要善于留意各种水到渠成的机遇，适时提出进一步的请求，捕捉事关未来关系发展的蛛丝马迹。但你要记住，现在还处于早期阶段，所以要把重点放在获取信息而非请求帮助上。比如，你正在为某个项目寻找资金，而和你交谈的同事提到他们年底会有一笔预算结余。这个时候你就可以顺势询问他："关于预算结余的事情我好奇问一句，通常这些资金会怎么处理？"或者，如果你的目标是打探公司即将进行重组的信息，而其他团队的领导则暗示他们正在进行人员调整，此时你就可以接着问他："感谢您这么坦诚地告诉我公司销售下滑的情况。您觉得这会对我们的员工和项目产生什么影响？"

围绕对方的经验或决策来设计问题（例如，"你觉得 XX 有可能吗？""您建议该如何处理 XX？"），不仅能够巧妙地展现你对他们专业知识和判断力的认可，也有助于你积累个人的社会资本。你甚至可能发现，他们会主动提出要帮助你！

自信收尾

如果你们是在某个预定的时间段会面，请务必遵守时间限制,不要超时。让会谈超时可能会给对方留下你不懂时间管理或不尊重他人时间的印象。你可以用如下方式自然地结束对话:"我注意到时间快到了,这次交流非常有价值。您刚才提到的几个关键点让我受益匪浅。"在对话结束时,你要尽量提出一个具体的后续行动方案,而不是以"嗯,那么……再次感谢,再见!"这样的方式草草收尾。根据以下具体情况,选择合适的方式为未来的关系发展做好铺垫:

- 如果对方兴味索然、回答简短、频繁看表或提到自己很赶时间,你要表达出希望保持联系的意愿,但也不要强求别人必须马上答应你。你可以说:"我会在领英上添加您为好友,将来我们再找机会探讨这一话题。"
- 如果你在对话中已经向对方提出过请求,就不要再追加新请求,而是应当向对方表示感谢并主动承担后续跟进责任。你可以说:"感谢您愿意把我介绍给XXX领导,我会准备一份示例邮件供您方便时转发。"
- 如果最初请求已和讨论内容脱节,但对话整体氛围良好,你就需要根据新获得的信息来调整你的诉求:"您提到的这些新信息让我豁然开朗。我原本是想向您请教A,但现在看来B可能更符合需要。您是否愿意在这方面给予我一些指导?"

如果一切按计划进行，即对方在整个交流过程中表现出了浓厚兴趣，愿意主动提供帮助，而且你们还谈到了与你最初诉求相关的话题或问题，那么你就有了一个相当坚实的基础，并且以此为基础提出进一步的请求，比如安排后续会面、寻求具体协助，或两者兼有。当然，在这个过程中，你也要理解对方始终拥有拒绝你的自由。以下是几种提出请求的方法：

- 正如我们今天提到的，我一直在拟订一份在全公司范围内设立心理健康日的提案。目前项目已经到了需要您这样一位领导提供支持的阶段，这将有助于这份提案获得首席执行官的最终认同。我可以给您发一份概述目标和潜在影响的简要文档吗？无论您是否同意，我都非常感谢您今天的分享。
- 您提到您在 XX 领域有丰富的经验。您愿意分享一些可以为我目前工作提供参考的报告或数据吗？我会在相关的演示文稿中注明信息来源。当然，如果这些数据是受保护的内容，不能对外泄露，我也完全理解。
- 很高兴了解到您有跨区域营销方面的背景。实际上，和您之前所做的事情类似，我目前也在探索与本地企业的合作机会。我们可以找个时间聊聊，看看如何让您参与我们的入驻流程，帮助我们拿下前三个合同。如果现在时机不合适也没关系，我们未来仍然有合作的机会。

如果对方积极响应，那就太好了！表达你的感激之情，并在一个工作日内跟进落实他们同意的具体事项。例如，如果他们同意评估你的提案，你就要把提案尽快发送过去。你还可以附上一封简短的感谢信，重申他们提供支持的重要性。如果得到的是冷淡或不置可否的答复，你就要给他们一些缓和的空间。你可以说："我知道您可能需要查看日程表来确定是否能参与。我两周后再跟进确认一下，如何？"即便遭到拒绝，你也不要气馁。感谢对方考虑你的诉求，并强调这次对话对你非常有价值："我完全理解！能与您讨论这些想法就已经让我很受益了。"你可以提议说，即使对方不直接参与，你也会让他们了解最新进展，这样你就在不给对方造成压力的情况下确保了未来互动的可能性。

"话"外之计

提供帮助，促进关系

维护和深化人脉关系的最佳方式就是为对方提供价值，即使是通过微不足道的小事。一些对你来说微不足道的举动或信息，却可能对你的联系人有着深远的影响，无论他们的资历、权力或地位如何，都有可能从中受益。

你可以借鉴如下几种"微帮助"方式：

- **分享资源**。通过公司的一个素食小圈子，吉亚达发现她上司的一位同僚（此前几乎没有交集）最近在尝试将蔬菜残渣进行堆肥处理。当吉亚达发现了一个自己也想使用的有趣堆肥工具时，她趁机将其推荐给了这位领导，对方回复道："这太棒了！感谢！"起初这似乎没什么特别的，但在之后的每次会议中，这位领导总会特意问起吉亚达的近况，这就为她开展"可见度对话"创造了机遇（详见第 7 章）。

- **发出邀请**。组织圆桌会议或专题讨论，聚焦高管们最关心的话题。按季度征集有价值的行业新闻或趋势信息，经整理汇总后通过社交媒体发布，同时标注信息提供者的姓名。组织面向全公司的欢乐时光活动，以促进同事之间的交流。

- **搭建桥梁**。寻找能够创造双赢的联结和引荐机会。务必采用双重同意式介绍。分别联系每个人，介绍相关背景信息，并解释为什么你觉得他们有必要互相认识，比如他们有共同的兴趣、有潜在的商业合作机会，以及有可以互补的技能和经验等。等到双方都同意后，再通过电子邮件和短信等方式促成他们的联系。

- **制造惊喜**。惊喜能够让感激和联结等积极情绪放大超过 400%。[7] 例如，你可以在没有人提出要求的情况下，主动为共享演示文稿添加可视化图表。如果有人向你寻求意见，你可以用录制视频的方式分享你的观点，而不是仅仅在文档中留下评论。如果你发现了同事或领导者可能会喜欢的书，你就应该把这本书连同你的手写便条一同寄到他们的办公室。

为他人提供帮助能够激活你内心的"助人愉悦",刺激多巴胺等神经递质的分泌,增加你的快感和满足感。[8] 即使别人忘了你具体做过什么或说过什么,他们也会记得你带给他们的感觉。帮助他人还能触发人类与生俱来的互惠心理,促使人们更加重视回报善意和互相扶持。[9] 这不是交易,也非操纵(特别是当你真心诚意想要帮助别人时),这只是社交关系的一种自然运行和发展规律。

保持人脉,维系温度

如果你好多年都没有和一个朋友联系,你还会指望人家在关键时刻伸出援手帮助你吗?这样的人恐怕很少见。职场人脉同样如此。一旦你因为忙于工作和生活而中断同别人的来往,重新建立联系就会变成一件颇让人尴尬的事情。人脉拓展是一个持续的过程,而不是一次性事件,因此,通过一套体系来定期维护人脉并保持关系的活跃度就变得非常必要。

如果你觉得用电子表格来跟踪关系进展太过烦琐或复杂,我们也有更简单的方法。例如,你可以在社交媒体平台上为那些你需要定期联系的人创建一个专属列表,这样就可以轻松看到他们的动态并与他们互动;你也可以用在日历中设置每月或每季度任务的方式来提醒自己去维护人脉关系。以我自己为例,在与潜在人脉资源通话后,我会使用一个名为 FollowUpThen 的工具设置邮件提醒,在约三个月后再与他们联络。当提醒出现在我的收件箱时,我可以根据当时的时间安排选择稍后处理或立即采取行动,这样我就可以始终把人脉维护放在心头,但又不会因此感到压力过重。

那么,当你再次和他人联系时,又该说些什么呢?你可以告诉对方他们的建议对你产生了怎样的积极影响:"我采纳了您关于 X 的建议,它确实在 Y 方面产生了很大的效果。非常感谢您的指点!"你还可以跟对方分享你的近期动向,因为他们现在可能对你产生了更大的兴趣。如果距离上次交流已经过去了 6 个月或更长时间,那你就要尽量选择和对方进行线下的面对面沟通,以重新激活那种无论是电子邮件还是短信都无法实现的情感互动。

请记住,细节会产生深远影响。例如,当你得知对方刚养了一只新宠物或者正准备参加马拉松比赛时,你可以主动和他们联系并询问事情的进展,以表明你真正在意的是他们这个人,而不只是关心他们能为你做些什么。我有个朋友就是这么做的,并且因此得到了积极回报。当她的同事生下宝宝时,我的朋友是最早向其道贺的人之一,而这都归功于她在之前日历里做了备注。这一小小的举动让他们变得更加亲密无间,后来这位同事甚至还给我的这位朋友介绍了不少业务。

随机应变

如果你想让人脉主动向你靠拢

拓展人脉关系通常需要你主动出击，比如参加活动、安排会议以及率先联系他人等。但这可能会让人感到疲惫，有时候甚至非常困难，特别是当你在一家小公司工作且内部社交资源有限时。以下是一些吸引人脉主动向你靠拢的方法，请参考。这些方法同时也与你的可见度提升有关联，我们将在下一章详细讨论这一点。

- **优化领英档案**。一张优质的头像照片（全彩色、背景简洁、笑容亲和、上半身特写）可以让你的简历浏览量增加21倍，好友申请数增加9倍。[10] 优化你的个性头衔，突出你的专业特长或价值主张。例如，将"ABC公司会计助理"改为"国际税务准备专家 | 助力跨国企业合规运营"。在个性头衔和个人简介部分中，使用相关关键字来提高你在领英和谷歌中的搜索曝光量。
- **积极点赞评论**。无论是专注领英还是其他行业垂直社交平台，你都不必从一开始就自己原创内容。你完全可以从与他人的内容互动开始，事实上这不仅可行，而且还更有益处。当你不再只是敷衍地夸赞别人写得好，而是开始发表一些个人的深度思考并补充他人观点时（比如，你可以说："你的观点给我留下了深刻的印象，因为……这让我想起了我以前听到的某个观点……"），你就会引起别人的关注，获得更多的加好友邀请。此外，如果你的评论引发了讨论或吸引了互动，平台的算法会将其推送给更广泛的受众，从而让你接触到更多潜在的联系对象。

- **发表个人见解**。从每周发布一篇帖子开始你的原创内容之旅。你可以对你喜欢的文章进行点评，对职场中的关键教训展开反思，发表对某些行业趋势或新闻的看法，展示关于你参与项目的案例研究，总结某次活动的关键收获，或者写一份与你专业相关的实操指南。持续发布内容能够为你树立专业形象，让你在行业内更有知名度，并吸引重要人物的关注。

- **开展线下社交**。考虑加入协会、行业组织、兴趣小组或母校的校友会，主动接触公司及整个行业内的新面孔。你只需参加他们的活动和研讨会，就能自然而然地获得互动机会，积累宝贵的人脉。

- **善用推荐机制**。询问现有的人脉："你认为我还应该认识谁？""您建议我联系哪位？"这样你就可以将单一人脉裂变为多元关系。这种策略有助于扩大你的"弱关系"网络。[11]研究表明，在某些情况下（比如求职），弱关系比强关系更有价值。因为弱关系可以充当通往不同社交圈的桥梁，为你提供你最核心人脉也无法触及的信息和资源。

如果你被卷入了办公室八卦

随着人脉网络越来越广泛和深入,你自然也会接触到更多对话,包括各种八卦。虽然这有时可能表明你是个值得信赖的知己,但八卦别人并不等同于交流信息。如果不加注意,八卦还可能分散你的精力、消耗你的情绪,甚至还会削弱他人对你的信任。以下是几种帮你避免卷入其中的方法:

- **共情并转移话题**。先对八卦者表示理解和共情,让他们觉得自己得到了倾听,然后自然转换话题或向对方提出建议。例如,"这确实挺难的。你应该直接和你老板谈谈这个问题。""听上去这件事还在困扰你,但这已经不是你能左右的了。你现在负责的新项目进展如何?"
- **设定清晰边界**。明确表达你的不适感,比如,"我不太方便讨论某某的事。""我不喜欢谈论别人的私事。""不传谣不信谣。""这个话题不值得我们讨论。"
- **积极给予赞美**。对正在被攻击的人给予正面评价,委婉地挑战固有偏见:"我不觉得她咄咄逼人,反倒很欣赏她能总是有自己的观点。"
- **表明不感兴趣**。让八卦者难以得到他们所期待的奖励——你的关注。用肢体语言强化你的态度,比如站起身来走向办公室门口或径直离开;如果是线上交流,则可以移开视线或开始敲击键盘。不要继续传播别人传递给你的所谓"劲爆消息",要做一个品行正直的人。

- **注意数字足迹**。里卡多是一名业务发展经理,在做完关于季度收益的汇报后,他震惊地发现两位副总裁竟然在私下诋毁他的上司。他们没有意识到,聊天记录同时保存了群组讨论和所有私聊内容。这个故事给我们的启示是,永远不要把你不愿公开的内容写出来。避免通过邮件、短信或即时消息贬损他人,因为这些内容可能会被保存、转发,甚至被他人获取。

无论索取还是提供信息,强大的人脉网络都是通过一段段关系的确立逐步累积而成的。思考你可以用哪些方法来拓展人脉,或者更进一步,想想如何用新视角来审视现有的人际关系:或许某个其他部门的领导,你只在全公司会议上和他有过交谈;或者一个与你仅通过邮件简单交流的同事,你们从未进行过深入交流。运用本章提供的话术主动出击,深化与他们的联系。最好的职场关系往往兼具策略性和偶然性,因此要对各种可能性都保持开放心态。公司食堂排队时的闲谈,内部培训时坐在新人的旁边……你永远不知道这些会给你带来什么新的契机。一旦你被更多人了解,你就可以展开"可见度对话",进而获取更多机会,进一步扩大自己的影响力。

第 7 章　可见度对话

彰显成就，避免吹嘘

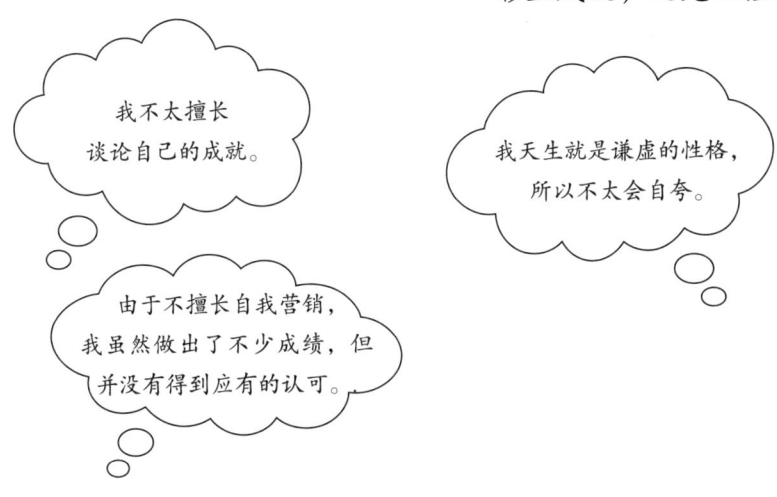

> 我不太擅长谈论自己的成就。

> 我天生就是谦虚的性格，所以不太会自夸。

> 由于不擅长自我营销，我虽然做出了不少成绩，但并没有得到应有的认可。

作为纽约一家高级时装屋的打版师，杰里米沉醉于这份手艺的精确与细致。他热爱这份工作带来的旅行机会、持续学习的过程，以及在这个延续数百年的行业中不断创新的可能。这一周，他可能伏在工作台前，为公司的新一季系列服饰精心缝制版型；下一周，他又会飞往亚洲各国采购新面料。对于能从事这样一份令人艳羡的工作，他内心充满感激。在这家公司工作了三年后，他的目标是成为工作坊的负责人，这样他就可以将自己的角色从单纯的板型设计扩展到对整个设计流程的监督，包括从初稿设计到最终的试衣。杰里米自认为在化解创意冲突方面很有天赋，但他打造团队共识的努力，以及带领团队连续实现产品热销的默默付出，并没有得到应有的认可。

一天晚上，下班回家时，杰里米在城铁上遇到了公司的高管之一塔拉吉。几个月前，杰里米在公司举办的节日派对上认识了塔拉吉，他们因为都喜欢宠物狗，所以聊得颇为投缘。塔拉吉本身也是一位才华横溢的设计师，此前她和杰里米有过两次单独的交流，杰里米也曾向她请教过新系列的设计问题，但他们从未谈论人际协调方面的事情，但要想成为一名出色的工作坊负责人，杰里米就必须具备出色的团队协调能力。

"你最近在忙些什么？"塔拉吉饶有兴致地问道。

虽然杰里米很想跟她讨论新系列的设计，但实际上，他这一整天都在忙着做协调工作。团队里的设计师追求极限、要求苛刻，部门里的裁缝师则一丝不苟，将传统和质量看得高于一切，生产团队则最关注交付时间和成本控制问题，作为他们的领导，杰里米必须想办法在这三者之间找到平衡点。就在他离开办公室前的几分钟，他终于找到了一个能让所有人都满意的解决方案。"今天我和团队成员一起取得了一项重大突破，"他对塔拉吉说，"他们已经为设计和成本的取舍争论了好几个星期，而我终于找到了一种方法，让他们明白两者可以兼得。"

塔拉吉全神贯注地听着，临下车时，她起身说道："擅长自己的专业是一回事，处理人际关系是另一回事。下次见面时我们再细聊吧。发邮件给我，咱们约个时间。"

回到家后,杰里米对室友卡门说:"你绝对猜不到我刚刚跟谁聊天了!"

听完杰里米的复述,卡门不禁发出惊叹:"哇,杰,你简直把这5分钟用到了极致!如果是我,可能只会向塔拉吉抱怨,但你却让她发现了你暗藏的闪光点。你的表述能力实在太强了!"

杰里米这才意识到,让塔拉吉了解自己的全方位能力与成就,才是赢得这位"职场贵人"支持和推荐的关键。虽然很多人都深知展现自我的重要性,但很少有人明白,可见度对话并不等同于拙劣的自我吹嘘,相反,它在于如何展示你的工作内容,如何将挑战转化为成长机遇,以及如何将个人贡献与组织的目标和使命相互关联。

你或许会想:"我不需要关注,我只想做个能出色完成工作的幕后高手。"这当然无可厚非,但请听我一句劝:总是替同事收拾烂摊子,或是充当上司不为外人所知的秘密撒手锏,最终只会为你带来怨恨与倦怠。更何况,本章要教给你的自我展示技巧绝不会把你变成一个追逐聚光灯的自恋狂。相反,通过对语言与框架的理解,你将学会如何在谈论自己的同时,更好地对外展示你的价值。我会教你如何识别并清晰表达那些隐匿于日常任务间的成就,以及如何运用巧妙的叙述技巧来展现你的工作成果。无论你是想在职场互动时给人留下深刻印象,在面对面沟通时让上司眼前一亮,还是想要在会议中自信表达个人观点,这些技巧都能助你一臂之力。我们还将探讨一些更复杂的职场可见度问题,例如，当有人窃取你的成果时该如何应对，或者当你的上司阻碍你获得应有的认可时该怎么办。

可见度对话绝非简单罗列功绩，而是通过构建一种引人入胜的叙事来塑造他人对你的认知，巩固你的职业声誉。这涉及心理学上的"可得性启发法"，即人们会根据最容易回想起的信息来评判你。[1] 想象一下，你花费大量时间优化了某项流程，每个月为部门节省了数千美元。但如果你不把自己的这项成就广而告之，你的上司可能会以为这是源于供应商降价，而不是因为你的辛苦工作。再想想你那些为确保项目进度而熬夜赶工的日子，如果不主动说明你的付出，那一切的额外努力都将不会得到应有的认可。反之，你每次关于成功经验的分享，都会在同事和上司脑海中强化你"能力强，人品好"的形象。这就是仅仅被人知晓与拥有一个强大个人品牌的本质区别，因为只有后者才能让你拥有晋升和发展的机会（详见第 8 章）。

年度愿景再评估

在开始进行可见度对话之前，先问问自己："当我和别人谈论我的工作时，我只是简单罗列了我做过的事情，还是特意强调了我渴望继续深耕且希望获得认可的领域？"你需要聚焦于那些能为你带来晋升机会的工作，[2] 此类工作具有如下三个特征：(1) 该工作是团队或公司战略方向的核心；(2) 该工作能让你接触到高层管理人员或外部客户等关键利益相关者；（3）该工作有可能影响公司的最终盈利。如果你总是关注那些耗时但却无法激发你热情的任务，或过度渲染那些与你职业目标不匹配的职责，那么你最终可能会被锁定在一个有违个人意愿的职业轨道上，或者不得不从事自己不喜欢的工作。

以查尔斯为例，他是一家零售店的经理，经常跟人显摆自己如何让门店扭亏为盈的逸事。这导致他被专门派去管理业绩不佳的门店，并因此错过了领导一家新旗舰店的机会，而后者才是他进入商品销售领域的职业目标。再比如，玛哈是一位才华横溢的年轻律师，她经常跟人强调自己在处理复杂诉讼案件方面的成功经历。虽然赢得这些棘手的案件为她树立了强势诉讼律师的品牌形象，但这些案件要求她长时间工作，进行大量准备和频繁出差，这和她对工作与生活平衡的渴望背道而驰。

还记得你在第 1 章里设定的年度愿景吗？它不仅能告诉你应该接手什么类型的任务，还能为你提供一些重要的线索，让你知道到底该对外突出你工作中的哪些亮点。比如，在你撰写自己的工作故事、与他人面对面交流、参加跨部门会议或在其他场合介绍自己时，这些愿景都能为你提供帮助（后续章节将对此进行详细介绍）。若想用年度愿景作为筛选标准来决定你想参与和谈论的任务类型，你可以问自己以下问题：

- **我如何重新定义当前或最近的贡献，以突出其与我职业目标**

的相关性？比如，你想要晋升为管理者，但目前只有一个直接下属。在这种情况下，你可以强调自己在解决跨部门冲突、压力下决策以及推动不同利益相关者达成共识方面拥有丰富的经验，从而在真正获得这份工作之前就让同事和上级认识到你具备担任更高职位的能力。

- **我可以创造或寻找哪些机会，既能推进我的愿景，又能提升我的可见度？**如果你想从软件开发者转型为产品经理，你或许可以寻找一个能够让你进行用户研究的挑战性项目，如此一来，你很快就能跟人分享你在用户研究方面的经历，而不必总是谈论那些复杂的编程任务。
- **我是否已经被认为擅长那些能推动我实现愿景的工作？**假设你想摆脱"全能型"营销专员的形象，那就别再和同事说"品牌、定价、包装，有什么需要尽管找我"，而是要告诉他们，你现在是他们在社群互动营销方面的首选专家。

这种打提前量的思考或许显得工于心计，但实际上并非如此。我们在开会时都见过那种喋喋不休但又抓不住重点的发言者，让你怀疑他们到底知不知道自己在说什么。同样，在对话中，我们也见过有些人总喜欢过度吹嘘，那夸张程度引得你都想翻白眼。提前计划能帮助你在对话中找到恰当的语气，既不会令听者感到乏味，也不会让你显得虚伪。

精心组织叙事

讲故事是展现个人成就的一种有力方式，但请注意，你无须通过编造复杂夸张的叙事来取悦和吸引别人。事实上，在职场环境中，简明扼要的故事往往最为有效。它可以很简单，比如在对话、会议甚至邮件中讲一件你克服挑战的小事，或介绍一下让你自豪的某个项目。相比单纯的事实，听众记住结合了故事的统计数据的概率要高出22倍。[3] 更令人惊讶的是，当你讲故事时，听众的大脑会开始与你同步，这一过程被称为"神经耦合"。[4] 这意味着，当你用"我和供应商谈了谈合同"换成"我知道今年公司收入下降，所以我为公司争取到了明年25%的折扣，这不仅能让我们避免超支，还能带来一个可以向董事会报告的好消息"时，你的上司不仅能因此了解你具体为公司做了什么，还会对你所传递的兴奋、鼓舞和宽慰等积极情绪感同身受。

建立故事储备库

你可能会想："最近我也没什么亮眼表现，所以根本没什么值得讲的故事！"对此我要说：千万别这么想。你只是还没养成习惯去发现并记录那些你如何机智应对挑战、推动领导层优先事项或为团队或公司加分的时刻。解决方法就是建立一个故事储备库。这一点都不复杂，你只需要每周抽出15分钟，在一个简单易查的文档里记录你的大小成就即可。

不必事无巨细地记录所有事情，要有选择性。争取每两个月或每个季度更新 4~6 个精选故事。注意，这些故事的内容应该与你的年度愿景以及与你上司、公司的整体目标高度契合。不要停留在表面细节，而是要将事件本身及其重要性同你在其中的作用紧密联系起来。如果你已主动解决了第 3 章责任对话中提到的某些重要问题，那么在消除瓶颈、满足被忽视需求、改进反馈模式等方面，你可能已经有了值得分享的成果。为了进一步挖掘故事素材，你还可以考虑从以下角度入手：

- 你如何提升了销售额、工作效率或业务量？这些成果为公司实现关键绩效指标或战略目标起到了怎样的作用？
- 你优化或改进了哪些流程？有哪些数据能证明你为公司提高了效率或节省了成本（具体节省了多少）？
- 你承担了哪些职责范围之外的新任务？你完成过哪些特殊项目，结果如何？
- 你是如何调整自己的工作以适应新技术或新趋势的？这带来了哪些实际好处？
- 你采取了哪些措施来拓展新业务，建立合作关系和战略联盟？这些举措对团队的成功起到了什么样的作用？
- 你是否曾在面临紧迫截止期限或苛刻预算的情况下完成项目？这带来了什么样的实质影响？
- 你最近精进了哪些专业技能？它们对你的工作有何帮助？你

是如何学到这些技能的？

- 你如何在组织中推动变革？你对公司的政策和实践，以及团队或部门的发展方向产生过哪些影响？

尽可能用数据说话。"通过新流程，我们将响应时间缩短了50%"远比"我们创造了史上最佳月度业绩"更有说服力。同时，要想方设法融入"社会认同"①，例如客户评价、社交媒体提及、知名合作伙伴评价，以及来自公司高层、行业组织或监管机构的认可。[5]这样你的成就不再是自说自话，而是有据可查。例如，你可以说："总裁对结果非常认可，还特意为团队写了一封感谢信。"或者说："今年的活动，我们成功吸引了包括A公司和B公司在内的多家大型赞助商。"

记得定期更新你的故事库，不仅要保持内容的新鲜度和贴合度，更要确保你可以在关键时刻拿出来分享。更重要的是，这也是一份清晰可查的成功记录，能够帮你在陷入人生低谷、对自我产生怀疑时迅速重拾信心。当你停下来回味这些个人成就时，你的身体还会释放内啡肽[6]，它既能增强自我效能感，又能降低大脑恐惧中枢的活跃度，让你更具抗压性。[7]

---

① 社会认同或社会证明，指的是人们在做决定或判断时，会受到他人行为和观点的影响。例如，如果某个员工得到了领导的好评或同事的认可，那么这个员工看起来就更有能力、更值得信任，也可能获得更多机会。——译者注

善用日常对话

你最近在忙什么？那个项目进展如何？你最近在做什么？最频繁且有效的可见度对话往往发生在与职场人脉的非正式交流中，比如在电梯里偶遇上司的上级，或是在线上会议的等待间隙与重要合作方闲聊。

这些交流通常很短暂，所以你需要在 30 秒内，用不超过五句话，讲述一个简短但又吸引人的故事。别讲得太细，因为对方可能会失去兴趣。也不要只知道罗列成就，这会让你显得过于刻意（比如，"我做了这个……还有这个……还有这个……我是不是很厉害？"）。

假设你正在和一位人脉深广的跨部门同事共进午餐，当对方问你"最近怎么样"时，你千万不要回答："嗯，就是……挺忙的……就是处理些杂事，也没什么重要的。"相反，你可以说："我正在与团队一起针对新用户群体进行产品推广，目前正处于一个令人兴奋的增长阶段，我们的市场渗透率已经达到了约 30%。"或者你也可以说：

- "最近我主要负责活动策划工作。我们最近举办的一场线上会议取得了巨大成功，吸引了 2000 名参与者。我们尝试用游戏化设计来提升用户参与度，整个过程充满了乐趣。"
- "最近客户工作让我忙得不可开交。我们推出的会员忠诚度计划显著提升了用户留存率，甚至一些大客户也被吸引进来！"

- "你知道最近大家都在讨论零残忍化妆品①吧？几个月前我们在这方面启动了一些新研究。上周我们的副总裁批准了新的研究资金，这真的太棒了。"

要根据交谈对象选择相关细节和故事。假设在团队拓展活动中，你和公司的首席财务官被分到同一小组。你应该重点描述的是你最近实施的成本削减措施，而不是你刚参加的领导力培训课程。注意对话的语言风格，应少用术语，多用日常表达。

除了得体地展示个人能力，给别人留下"哇，这个人真的很靠谱"的印象，你还要善用这些非正式交流机会，因为这可以为你的职业发展带来重要机会。一位受访者分享道："每当我在会议上遇到总裁时，我都会向他简要汇报我和团队的工作进展。久而久之，他就开始特别关照我。一年后，他把我推荐到了他下辖部门的某个岗位，而我最终抓住了这个晋升机会！"

掌控面对面沟通

我在本书中一直强调，你的上司就是你最重要的客户。因此，你一定要善于利用与上司的面对面沟通机会，因为这不仅能强化你们的双方关系，还能通过光环效应提升你在整个组织中的可见度。[8] 如果你的上司对你有很高的评价并常常在别人面前称

---

① 零残忍化妆品（cruelty-free cosmetics）是指没有应用动物实验和没有动物成分的产品。——译者注

赞你，其他有影响力的关键人物也会更加信任你，愿意把重要任务交给你，并邀请你参与关键讨论。

你需要主动引导这些对话，向你的主管展示你是如何思考（参见第 3 章提到的透明操作）、如何为他们增光添彩，以及如何帮助他们达成目标的。你的上司可能因忙于无休止的会议、处理紧急问题和应对上级压力而无暇注意到你的日常成就，根本没有足够的精力去详细跟踪每个人的贡献，你也不例外。但如果你的上司能够展示像你这样表现出色的团队成员，他们就能塑造自己善于培养人才的领导形象，这通常会让他们赢得上级的认可，并获得更多资源。你的上司还可以把你的成就作为与同级、其他部门或外部合作者展开交流的开场白，以促成对所有人都有利的合作或伙伴关系。

在面对面沟通的开启阶段，你不能只是简单地汇报各项任务的进展情况，而是要把展现近期成果作为你的内容重点。你的汇报应当简明扼要，而且要多强调已取得的关键成绩、已达成的里程碑，以及你和团队获得的外部认可，此外还要确保所有内容都符合上司的关注重点和优先事项。你可以用如下几种方式来开启会谈：

- 在进入正题前，我想先分享一些关于我们第四季度招聘目标的好消息。
- 我要先说一个令人兴奋的消息。我们提前启动了 X 项目，节省了大约 3.5 万美元,您现在可以把这笔钱用于您关心的 XX 事项了。
- 关于几周前我们讨论的那个提案,现在有了新的进展。我已经和法务团队进行了沟通,明确要求其加快合同审核流程,我们有望及时完成交易,不会耽误您在投资者会议上汇报最新营收进展。

最佳的面对面沟通也是一个向上司学习、获取指导的绝佳机会。只要方法得当,向领导寻求帮助并不会让你显得无能。遵循"先尝试三次再求助"规则:如果独立尝试至少三种不同的方案后,你仍没能解决问题,你就可以向上司求助。不要直接把问题丢给领导(例如:"您在 X 方面比我强多了,您能帮我处理吗?"),而是要表现出你已经就这个问题和潜在解决方案进行过思考,比如,"我想提前向您汇报,我们在配送环节遇到了一些挑战。经排查后发现是排程系统的问题。我已尝试过数种解决方案,但都没能奏效,所以想听听您的建议。您之前遇到过类似情况吗?当时是怎么解决的?"通过分享你已采取的策略和应对方法,你不仅让上司看到你在背后的辛勤付出,又证明你是个愿意主动解决问题的人。

即便是完全陷入困境,你也不妨坦诚相告:"由于这是我第一次负责广告预算,我想听听您的建议,看看该从哪里入手。您能否跟我讲讲有哪些关键注意事项?我希望能尽快上手,以确保未来能够独立应对。"这既体现出你对自身局限和知识空白有着清醒的认知，又展现了你希望通过学习来克服困难的坚定意愿。

当遇到紧急情况或上司明显压力过大时，面对面交流可能会变得简短并偏重于事务性，导致你们无法进行深入全面的讨论。这种情况在所难免，但如果你能在帮上司减轻负担的同时提升自身的可见度，那就能实现双赢。例如，你可以这样说："我注意到您最近忙于客户事务。我可以替您参加即将召开的战略会议，帮您减轻一部分工作负担。"或者可以说："如果接下来有相关会议，我很乐意代表您参加。这有助于我更深地参与其中，并贡献一些新想法。"

于沟通中展现优势

在运用下面的框架结构展开叙事之前，你需要先花点时间观察一下现场的氛围。与会者是焦虑、沮丧还是充满希望？根据你的观察和感受，选择一个能匹配或积极改善会议情绪基调的故事。如果会场气氛紧张，你就选择一个能安慰人且专注于解决方案的故事；如果会议气氛欢快活跃，一个鼓舞人心且着眼未来的故事则会更让人产生共鸣。

框架1：问题 – 行动 – 解决方案

这个结构非常适合以解决问题为重点的项目复盘、事后分析或战略会议。一旦常规进度汇报结束，会议进展到现有及未来具体问题的讨论阶段，你就可以采用这种叙事结构。首先要说明你面临的问题，并强调其对团队或利益相关者的影响。例如，你可以说："超过 60% 的客户选择取消或不再续订，这给销售团队带来巨大压力，导致收入下降并引发不确定性。"接下来描述你采取的相应解决措施以及成果："我负责改进客户留存率的工作，具体来说，我对用户反馈数据进行了深入分析，并实施了一项有针对性的用户再触达活动。"最后展示最终成效："这些措施使客户流失率降低 1/3，显著提升了客户满意度，增加了我们的利润。"

框架 2：之前 – 之后 – 连接桥梁

这一结构适用于项目进度检查、运营评估或流程优化类会议。当会议议程转向你将要提到的具体项目时，或者当讨论更广泛地集中在近期变化或改进举措的成效时，你可以运用这种方法来讲故事。首先描述你介入前的状况。我有一位客户是一家活动公司的协调员，他跟我分享道："几周前，我不得不去处理一项久拖未决的问题：我们的摄影师到达拍摄现场后才发现几乎没有空间布置设备，也没有自然光源。这搞得现场人心惶惶，后方团队也因为要紧急应对这些失误而乱成一团。"接下来描述你采取行动后的变化："自从我们改进了客户入职流程后，我们再也没有接到摄影师的紧急求助电话。"最后，通过解释你是如何实现这一改变的，在"之前"和"之后"中间搭起一座连接桥梁："我认为这里面最关键的改变，是我们让客户提前填写一份详细的调查问卷，并要求所有相关方在活动前进行沟通确认。"

框架 3：未来 – 聚焦 – 行动计划

这种结构非常适合那种围绕头脑风暴和创意构思展开的会议。最好是在会议开始时就进行这类分享，以便为后续的讨论确定基调。首先指出你在宏观环境（经济、政治等）、所在行业或整个公司中观察到的趋势或模式："近年来，我们看到一个明显的趋势，即人们越来越重视让空间对各种身体状况的人都更加无障碍化。"其次，把话题聚焦到这一洞察所带来的机遇或风险："包容性不仅在道德和法律层面至关重要，同时也能惠及我们服务的所有人，包括员工和患者。"最后，描述你为把握这一趋势而采取的行动，或分享你打算在未来实施的计划："我愿意研究最新的政府建议，并组建一个规划委员会，以推进在我们门店增加坡道、加装自动门和张贴更清晰标识等改造措施。"

框架 4：团队 – 然后 – 个人贡献

当今时代的大多数工作都是团队协作，因此在任何需要突出协作和团队努力的会议中，我们都可以尝试"团队 – 然后 – 个人贡献"的故事框架。首先谈团队的整体努力，然后讲个人的突出贡献："我们的新网站上周正式上线，在团队的齐心协力下,我们按时完成了所有工作。卡洛斯和西娜在功能测试方面贡献突出。目前,我们收到了很多正面反馈。我还提前撰写了一个月的内容,整个团队的生产进度因此大大提前。"这种方式既展现了谦逊、对个人和集体努力的尊重,同时又能确保你获得应有的认可。

留意他人的实时反应。别人对你的故事和事例感兴趣吗?如果他们反应良好,那是一个好迹象,说明你的故事会受到欢迎;但如果他们显得不耐烦或心不在焉,那可能意味着你最好坚持严格的专业性表达。如果你在开始讲故事后发现反应不如预期,要勇于做出及时调整。你可以试着缩短故事长度,调整叙事重点,甚至可以先停下来,询问反馈后再考虑是否继续。根据以往经验,我建议每次会议最多使用一个简短故事来阐述观点(如果你一天内和同一批人有多次会议,则最好一天只讲一次)。但如果你所在的企业倡导严肃务实,或者你发言机会本身就不多,那么每周讲一个故事可能更为合适可行。

> **掌控全场**
>
> 在职场上积极发言能提升你的地位,[9] 但关键不在于发

言频率，而在于确保你的发言时机恰当、准备充分且符合听众的兴趣。[10] 以下是一些在不同情况下有效发声的方法：

- **如果你总是不敢率先发言**。挑战自己，尽力让自己成为第二或第三个发言者。根据首因效应[11]，较早发言的人往往比后来者更令人印象深刻，而且这也能迫使你在恐惧反应出现前就表达观点。[12]

- **如果你总是觉得无话可说**。通过提出有见地的问题来参与讨论，避免沉默。比如，你可以问："这个决定会如何影响 X？""有哪些替代方案？"也可以对他人的观点进行补充："我认为大家在 X 问题上达成了一致……""关于汤姆提到的市场拓展，我觉得还需要考虑……"

- **如果你找不到合适插话时机**。可以在议程或话题之间插话："在我们继续之前，我想补充……""很高兴您提到这个，另外我想补充几点……"如果你需要打断一个比你级别高的同事，要先征求对方许可，你可以说："我可以从法律角度补充吗？""现在适合讨论 X 吗？"

- **如果你总是习惯自我贬低**。避免使用"我可能是错的，但是……""这可能不是你想要的答案……"等缺乏自信的措辞，改为"我有个想法……""我认为这种方法可能有效……"。用"从我的角度来看……""基于我的理解……"替换像"我不是这方面的专家""我在这方面经验不多"这样的限定语。

- **如果你不知道确切答案。** 你可以暂缓回答,但要解释原因,比如,"我得先做一些研究才能给出最佳答案。""为了给出最准确答案,我需要先与几位同事确认一下。周五前我会给你回复。"

- **如果你的发言被忽视。** 如果你的想法在讨论中被淹没或被忽略,不要就此作罢。否则,别人可能会提出相同的观点,并因此获得认可。在下一个人发言后马上跟进:"大家还没有对我刚才提到的 X 给出反馈,所以我想知道,你们对我的分享有什么看法。"

- **如果你必须表达反对意见。** 畅销书《职场女性:别让这些细节绊住你》的作者洛伊斯·弗兰克尔博士曾给我介绍过一种对比法:先说明你不是在说什么或做什么,然后再明确表达你的观点。[13] 她举例说,你可以这样跟上司回话:"我不是要反驳您的观点,因为其中有很多正确的地方。我只是想澄清一下,否则可能会产生误解。"

- **如果你没得到发言机会。** 可以通过后续跟进来展现自己的不同想法:"我回顾了我们的讨论并做了认真思考,我

> 觉得X可能是我们未来的一个不错选择。"即使是过去了一两天也没关系，因为当大多数人都已经转向其他事情的时候，你的这种回溯式反馈反而更能体现你的专业和成熟。

"话"外之计

扩大影响力

你可以通过向跨职能合作伙伴、利益相关方及高层领导发送月报或季报的方式来提升自己的可见度。你可以把它视为一份内部通讯，其主要目的是保持信息同步，但同时也为你提供了展示个人、团队或部门成果的机会。这种提升可见度的方式适用于规模大、地理分布分散或强调协作性的企业，因为在这类环境中，公司通常会鼓励跨部门和跨层级的沟通，信息交换则是保持高效运作和适应外部需求变化的关键。对于远程工作者或每周仅到岗几天的员工，定期更新则是一种保持存在感的主动策略，能有效避免因不在同一物理空间而被忽视的"眼不见，心不念"问题[14]。但需注意，在具有高度竞争性或各部门各自为政的文化中，或是在规模较小的团队和公司里，这类群发信息可能会被质疑，甚至被认为是无用的干扰。

不要擅自发送邮件，而是应首先获得上司的批准。要将其描述为你与上司和同事的团队合作成果，并且要告诉大家，你发送邮件的目的纯粹是展现团队的努力，通报项目的进展。如果可能，也要让其他人参与内容创作，或者至少让他们审阅，这样就可以确保大家对内容没有异议，不会有人因为某些邮件内容而措手不及。如果你的上司不同意你这么做，因为定期简报可能会打破现状或与公司文化不符，那你就考虑一个折中方案，比如提议在即将召开的会议上向利益相关者汇报这些内容。

实用邮件模板

主题：XX 团队 / 部门季报——X 年 X 月

开篇语：应尽量简短且有亲和力，例如："时光如水，转眼间今年已经过半！以下是数据团队在过去三个月的工作进展、关键收获和成绩亮点。"

突出成就：以项目符号或简短段落列出 1~5 项关键成果、已完成项目、达成的里程碑或实现的目标。对做出突出贡献的团队或负责人提出表扬，当然千万别忘了肯定你自己的努力！

提供见解：分享学到的经验、最佳实践、新策略或团队成员对于具体事项的意见。

展望未来： 简要概述即将启动的项目、目标或计划。这可以确保所有人都达成共识，并激发对未来工作的期待。

结束语： 发出号召，请大家针对具体事项提供反馈，或用充满正能量的话语来收尾，比如，你可以说："期待下一季度再创佳绩！"

主动争取机会

我永远忘不了当我的一位同事荣获一个重要行业奖项时，我心中涌起的深深嫉妒。我心里想："为什么不是我？"后来我才发现她的秘诀其实很简单：她主动提名了自己！无论你职位高低或在哪个行业，事实上，那些获得别人认可的人往往也是那些主动为自己争取的人。所以，当下次你看到有人获得赞誉并心想"我希望我也能这样"的时候，请记住，你自己也可以获得这样的认可！

虽然主动为自己争取奖项可能会让人感觉有点尴尬，但奖项所带来的荣誉不仅能够为你创造机会，还能提升公司的品牌形象，并成为吸引新员工、业务和客户的有力卖点。奖项甚至还可能为你和你的组织带来正面的媒体报道。想要找到合适的奖项？你可以关注行业相关的刊物、网站和新闻通讯，或联系专业协会、校友网络和导师。你还可以使用"XX年数字营销卓越奖"或"XX地区非营利组织领导力奖"这样特定的关键词来订阅谷歌快讯。

除了申请正式奖项,你还可以通过其他方式进行自我推荐。例如,你可以告诉公关、活动或宣传团队,你有兴趣代表公司参加座谈会、会议,或者作为嘉宾参与内部的网络研讨会。你也可以主动提出为公司博客撰写一篇文章。我的很多客户还会通过举办午餐学习会的方式,围绕着他们感兴趣的主题开展内部培训。

随机应变

如果有人窃取你的工作成果

你的个人品牌建立在他人对你的贡献和成就的认可之上,但如果有人窃取你的功劳,你可能就会吃哑巴亏。如果这种情况发生在你身上,你可以用以下方式沉着自信地应对。

- **保持冷静,澄清事实**。在面对面沟通时,你应该适时插话并做出解释,比如,你可以说:"很高兴能与玛丽提到的项目合作。她的团队主导了执行部分,我们的团队则负责了战略规划部分,我们对最终结果非常满意。"如果是通过邮件澄清,你可以这么写:"我想补充说明一下蒂姆在之前邮件中分享的内容。他出色完成了我们所需数据的收集工作，而我把这些数据整理成了您现在看到的报告。"

- **谨慎对质，避免冲突**。未能肯定你的成绩可能是他人无心之失或疏忽所致。别急于指责，而应先进行询问："我注意到你把X项目完全归功于自己，这是有意的吗？""我发现你在谈论项目时用了'我'而不是'我们'，你为什么要这样表述？"这样既表明你注意到了问题，又充分展现了你认为这么做不对的态度。

- **诉诸正义，以德服人**。你可以强调，如果换作他们被冤枉，会作何感想："我相信你也遇到过自己的想法被别人据为己有的情况，你肯定知道那种感觉很不好受。我现在就处于这样一种状况。如果你是我，你会怎么做？"

- **设定边界，明确态度**。明确告诉同事他们的行为不妥当："会议内容很多，很容易在演示文稿中遗漏名字，这个我理解，但以后请别忘了在演示文稿中注明我的贡献。"

- **保护创意，留存证据**。尽量在多人场合而非面对面交流时分享你的好点子。通过备忘录和邮件记录你的想法，留下书面证据。不要把创意细节说得太清楚。哪怕只是说一句"我有一些关于如何执行这个计划的想法"，也能帮助你保住对创意的所有权。

活学活用

如果有人抢你的功劳，你还可以用以下话术来应对。这些话术语气从轻到重，适用于邮件和会议等各种不同语境。

- 很高兴你对我之前提出的想法感兴趣，非常感谢你的支持和加入。
- 感谢你对我原始概念的扩展，我想基于原框架再做几点补充。
- 英雄所见略同！我当初提出这个方案时也考虑过类似方向。
- 这和我之前提到的 X 方向一致，很高兴看到它引发了讨论。
- 我昨天会议中提过这点，你能否具体说说你对此的理解？
- 既然这是我原提案的一部分，我希望能听听大家对我们这两种不同观点的意见。
- 很高兴我的最初构想引起了你的共鸣，但我们需要确保接下来的行动步骤不会偏离我的核心规划。
- 我觉得这里可能有点误会。这个想法是我在上次头脑风暴中提出的。
- 这正是我在早先阐述这个想法时所要表达的核心观点。

如果上司排挤打压你

你的上司可能会干出很多让你倍感沮丧的事情，比如嘴上承诺让你参与重要会议却从不兑现，独揽所有展示工作成果的机会，以及坚持亲自处理每项关键的沟通事务。如果你的上司总是刻意削弱你的职场可见度，你可以采取以下应对策略：

- **假装不知情**。要积极接触，不要消极对抗。比如，你可以私下和上司进行沟通："我注意到最近几次战略会议我都没能获邀参与。我觉得我应该参会，因为我具备相应的能力。能否请教一下参会人员的筛选标准到底是什么？"
- **当场落实承诺**。当上司第三次"忘记"将尤莉萨加入重要客户邮件组时，她决定采取一种新的应对策略。她不再只是提醒，而是以很礼貌的方式让上司当场做出决定："我们现在就建立一个邮件群组吧，这样您的待办事项就可以减少一件了。"这招通常都能立竿见影。如果遇到领导推脱，尤莉萨便会发送一封跟进邮件，继续追踪此事："感谢今日的会谈。期待在 X 月 X 日前收到加入 XX 任务的通知。"
- **主动请求参与**。密切关注即将交付的工作成果，并主动请缨承担初稿的起草工作："既然正在讨论客户报告，我可以根据会议记录先搭建演示文稿的框架。"这样既提高了效率，又确保了你的参与度，让上司更难在后期将你排除在外。

- **策略性邮件抄送**（谨慎使用）。询问你的上司某个特定项目或任务还有谁需要了解或参与。在获得同意后再进行邮件抄送，使其看上去像一种不易招致反对的常规流程。但不要过度使用这一策略，最好是选择1~3个联系人进行抄送，让上司之外的人也能看到你的贡献就行。抄送完邮件后要注意观察上司的反应，如有必要，要及时和他们解释沟通。
- **保持成熟大度**。如果你的上司总是在别人面前质疑你提出的想法或贡献，你可以用这样的语气回应："在讨论潜在问题前，能否先请您说说这个方案可行的理由？""我们假设这个方案最终会成功，这会如何改变您的观点？"通过这种方式，你不仅能够凸显自己在团队中所扮演的积极主动角色，还能巧妙地让别人注意到上司故意针对你的那种消极甚至苛责的态度。

不要等到自己"完美无缺"了才去展现自己，而是应该从现在就开始，关注并记录自己的成功故事。除了能够让你在工作中得到关注和表扬，提升个人可见度还有一个更重要的好处：它会改变你对自己的认知。每次你向上司分享自己的工作成果，或在会议上分享克服挑战的经历时，你不仅是在向别人做展示，也是在肯定自己。随着这些成功案例的积累，你的自信心也会同步增长。你会逐渐相信自己能够驾驭更重大的项目，承担更艰难的挑战，而这种认知将使你更加敢于冒险，并推动你最终达到职业生涯中从未想象过的高度。让我们带着这种自信进入下一章的晋升对话，探讨如何通过和上司的协商进一步推动个人职业生涯的发展。

第8章　晋升对话

避免树敌，巧妙升迁

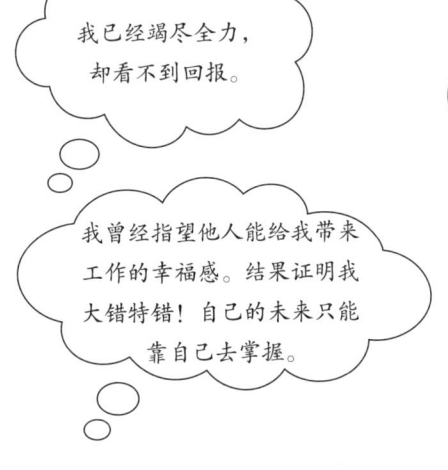

> 我已经竭尽全力，却看不到回报。

> 人很容易被日常琐事所牵绊，却忽略思考职业发展的整体方向。

> 我曾经指望他人能给我带来工作的幸福感。结果证明我大错特错！自己的未来只能靠自己去掌握。

在过去 11 个月里，伊莱恩一直在拼命工作。她一心想要获得晋升和相应的加薪，以便能够摆脱讨厌的室友，开启职业生涯和生活的下一个阶段。

伊莱恩是一家律师事务所的高级行政助理，除了负责律所合伙人的日程安排和邮件管理，她还主导发起了一个健康委员会，并在法律期刊上发表文章。她将这些文章刊登在律所内部办的一份每月通讯中，重点介绍行政支持人员的工作成就。在绩效考核那天，伊莱恩既紧张又兴奋地到达了办公室。几个月来，她的上司一直在称赞她工作表现出色，这让她觉得获得晋升似乎已经是一件板上钉钉的事情。此外，人力资源部门一位密友近期获得晋升的消息似乎也证明公司业务正处于持续扩张之中，这更增添了她的乐观情绪。

一开始对话进行得还算顺利。执行合伙人称赞了她的主动性，并给了她一小笔加薪，但他并没有提到她一直期望的职位变动。眼看会议已接近尾声，伊莱恩便脱口而出："我在考虑能否让我担任首席助理一职。"她刚想要解释理由，却被执行合伙人马上打断。

"这是不可能的，"他说，"我不认为你描述的这个角色是我们律所必需的，即使有这个必要，我也不能当场做出这样的决定。你这么做让我有点措手不及。"

"但您一直在说我的表现很好，您刚才也在这么说。"伊莱恩羞愤交加地嘟囔道。

"我对你的表现确实很满意，但我希望你能继续做你正在做的事情。你看我们在下次考核时再讨论这个问题，行吗？"他尴尬地站起来并准备离开，"我确实认为你做得非常出色。"一场原本值得庆祝的会谈（尽管各有不同理由），最终却在双方的失望和不安中草草结束。

几周后，当伊莱恩来找我咨询时，她的情绪仍然非常低落。"那么现在该怎么办？要不我干脆直接辞职？我现在想不到别的办法。"

"你还喜欢你的工作吗？"她点点头。"你是否仍想有一天成为首席助理？"她再次点头。"那么，"我说，"是时候开始进行关于晋升的对话了。"在接下来的几个月里，伊莱恩根据本章所介绍的步骤，对自己的职业目标采取了更为策略性的方法。她向她的上司和其他合伙人就如何有序创建首席助理这一角色寻求了反馈，为了增进说服力，她甚至还准备了一个商业案例来阐释这个角色如何能够为公司带来益处。在下次绩效考核过后，她给我发来一封简短而有力的邮件："他们同意了！"

职级晋升和头衔变动是最常见的职场进阶形式，但这通常每隔几年才轮到一次。如果你把自己局限在"只有晋升才算进步"这样的想法中，那么你就会错失在两次晋升之间积累经验和丰富简历的机会。保持开放的心态，思考其他能够提升技能和声望的方式，比如提出一个具有挑战性的项目；扩大管理范围；横向调动到其他部门、团队或地点；或者像伊莱恩那样，设计一个以前根本不存在的新职位。然而，还有许多隐性因素会影响你的晋升，比如整体的经济形势，高管层的优先事项，甚至还包括公司预算的时间周期。相互冲突的激励措施和办公室政治也会产生影响。例如，即使你的上司认可你的潜力，但如果人力资源部或财务部门有预算或人员编制限制，你的晋升也可能被推迟。同样，如果你的部门主管不愿让你被其他的团队挖走（尤其是当双方的领导存在恩怨时），也可能阻碍你的职业成长。

虽然这些因素确实存在，但你不必完全被它们左右，也不必把自己的职业道路完全交给运气。在本章中，你将学会如何巧妙地将自己的职业目标与组织中那些经常不透明的优先事项对齐。如果所有领导者都能从一开始就热情支持员工的成长，那当然很好，但事实上，很多人抗拒改变，因此我会教你如何将怀疑转化为支持：从悄悄播下抱负的种子，到制定能解决上司痛点的提案，再到在面对任何或各个阶段的阻力时持续为自己发声。如果你不是上司的最爱，或者你想对自己的工作做出彻底改变，也不要惊慌，你完全可以在不放弃的前提下，找到一条通往成功的道路。

值得注意的是，晋升和薪酬对话通常是同时进行的。例如，当你晋升到领导职位时，加薪通常是这一变化的一部分。但在许多情况下，例如当你临时担任某个职位时，或者你出于战略考虑决定积累经验以便在未来更有力地争取加薪时，这两者是分开进行的，这就是为什么我们将在下一章单独讨论薪酬对话的问题。

让个人诉求匹配公司需求

如果你致力于推动某项产品的国际化扩张，但你的上司却专注于提升本地销售，那么即便你的提议非常好，最终也可能会毫无反响。假设你想通过设立一个新的项目来提升你所在学区学生的标准化考试成绩，但教育系统最近正面临管理层更替，新领导层可能会有不同的优先事项，或者一时半会儿不愿意接纳新项目，你的努力也一样掀不起波浪。

在提出任何建议之前，都要先考虑你所处的环境，并分析哪些因素会影响你达成目标。

- **哪里存在缺口？** 先对自己的项目进行一次盘点，以确定你的团队或部门可能需要的额外资源或专业知识。这不只是多做点事情那么简单，而是需要你主动承担起那些被忽视但能带来显著收入增长或节省大量时间的项目。你的技能如何填补这些空缺？例如，如果数据分析能力的缺乏正在影响多个部门的项目进展，你可以提议设立一个专门负责数据分析的新岗位。如果某个关键项目缺乏明确的负责人，你可以毛遂自荐担任"团队负责人"或"项目经理"，并说明你有相应的领导才能，能够确保项目最终取得成功。
- **你的上司最关心什么？** 如果你已经和上司进行过对齐对话（详见第1章），那么你应该已经了解他们最在意哪些关键目标，以及他们认为哪些才是对部门或公司未来最重要的事项。他们是否说过类似"我们的主要目标是在未来三年内将产品线扩大三倍""提升在中东的市场份额是我们的重中之重"，"我们必须提高客户满意度"这样的话？你可以根据这些线索，来提出一个与上司目标一致的晋升理由。参与这些重点工作不仅可以增强你晋升的说服力，还能让上司对你刮目相看，为你"加印象分"。
- **你的上司是否认为你有能力激励和带领他人，在更高层次上**

取得成果？晋升通常意味着要管理他人，而不只是执行任务，所以你需要了解上司如何看待你的领导潜力。注意他们对你在团队合作、提升士气以及跨部门协作方面的评价。同时，留意你上司最看重的领导者特质是什么。足智多谋、富有远见，还是在压力下保持冷静的能力？在争取晋升时，记得要表现出你已经具备了这些特质，并说明你会如何在新的岗位上继续发挥这些能力。例如，如果你的上司经常称赞你简化复杂概念的能力，那你就要在申请晋升时强调这一点，并说明这种能力会如何有助于你与非技术部门的合作。

- **高层领导在关注什么？** 高层管理者是注重组织稳定性，还是关注多元化和包容性，抑或强调客户终身价值？他们的关注点会向下渗透，影响哪些项目能获得批准，从而获得更多资金支持。让你的上司知道你正在做对他们的上级也重要的工作，因为这不仅能凸显你的价值和晋升潜力，也能让他们更容易在高层管理者面前为你争取晋升机会。即使你想转岗或换团队，你也要记得将你的技能和贡献与高层的优先事项对齐，这会让你成为更有吸引力的候选人。

- **公司的财务周期如何运作？** 要清楚地了解预算规划的时间表、哪些时期资金紧张以及费用审核的流程。将你的申请与这些周期对齐，将有助于提高获批的概率。例如，如果预算审查是在第四季度进行，你就应该在第三季度预算规划阶段就开始为新项目争取支持。如果你想调到另一个通常在财年初获得新资金的部门，那就要提前准备具有说服力的调动理由，并在预算分配前提出申请。

- **经济形势如何？** 若经济处于下行期，你所在公司可能会冻结招聘，此时提议通过外部招聘来扩充团队就显得不合时宜。此时，倡导优化流程、降低成本或留住优秀人才等提质增效的举措，反而可能成为一种有效的策略。相反，如果公司营收呈上升趋势，管理层可能会更愿意采纳具有创新性的方案，比如从事挑战性项目或增加新岗位等。要重点关注那些表现出扩张、成长或冒险意图的语言信号，例如"业务多元化""能力拓展""规模升级"等关键词。

- **竞争对手的动向？** 留意对手发布的内容、营销信息及招聘职位。如果竞争对手在大规模招贤纳士，则说明该行业或领域非常景气，而这或许意味着你所在的公司同样存在发展机遇。例如，当发现某个竞争对手正在大规模招聘人工智能相关岗位时，你就可以利用该信息作为寻求晋升的筹码，向公司说明为什么他们亟须像你这样的人才来填补空缺，强化相关业务板块。

即使你的个人诉求与公司需求或上司优先事项不完全吻合也没关系。我们稍后会探讨如何在这两者之间建立有机联系。即便你所期望的晋升难以马上实现，了解整体形势也对你制定长远策略有益。

活学活用

　　一家初创公司可能会因为你推出前沿产品而提拔你，广告公司则更看重客户资源获取。晋升机制也千差万别，有的公司具有严格的晋升评估流程，有的公司则基于业绩表现或业务需求就是否晋升做出临时决定。运用你在第 6 章积累的人脉拓展技巧，向那些已走过你心目中理想晋升路径的前辈或是你目标部门或领域的从业者取经。你可以向他们询问以下问题：

- 这里的晋升流程是怎样的？是有固定周期还是可以灵活机动？是否有最低任期要求？
- 哪些核心技能和经历对您的晋升起到了最关键作用？您是如何彰显个人价值并最终脱颖而出的？
- 若想参与 X 这类项目的选拔，您会建议我如何进行准备？
- 是否有导师或其他支持者为您提供过职业发展上的指导？他们提供了哪些关键帮助？
- 您是如何为自己争取机会的？是否有后悔当时没说或没做的事？
- 跨部门调动的审批流程是怎样的？需要哪些关键决策人参与？

- 公司是否允许根据个人的优势或兴趣定制工作岗位？通常如何操作？
- 您在争取发展机会的过程中遇到过哪些挑战或阻碍？您是如何破解的？
- 在获得晋升后，您是否参与了继任者的培训或与之进行了岗位交接？管理层对此作何评价？

争取上司的支持

晋升对话绝不是你在进行年度评估时顺便提及的事情，相反，这是一个持久的过程——在中小型企业里可能需要3~6个月，而在晋升节奏较慢的公司、行业或是争取高阶职位时，可能会持续一年甚至更久。你需要尽早让上司了解你的诉求，这样他们才会越来越熟悉你的规划，并有可能给予你更多的支持。当然，这不是说你要日日畅谈你的远大抱负，那会很招人烦的，但你确实应该有意识地找到合适机会，不露痕迹地持续向他们传达你的目标。

用积极的语言表达你的愿望，不仅要传递温暖和感激之情，还要有面向未来的视角。以下是一些适合你提出请求的时机：

- **在进行面对面沟通时**。假设整个团队正在研发一款新药，且你的上司跟你分享了其最新进展，这时候你就应该热情地予以回应："很高兴听到我们进军治疗领域的消息！在监管合规方面我们是如何规划的？我希望能在这方面贡献一份力量。"
- **在完成一个项目后**。你可以这样说："这次展览的效果实在是太棒了！主导搭建过程真的让我很有成就感，而且这件事也让我对更高阶职位的角色有了初步体验，尤其是在战略规划方面。我希望能获得更多这样的锻炼机会，以便为走向领导岗位做好准备。"
- **在收到积极反馈时**。不要只说"谢谢"，而是应该这样说："很感谢您对员工奖励计划的肯定。我其实正在考虑如何进一步扩展这个项目，我也希望能承担更多与更高职位相关的责任。"
- **在日常闲聊时**。如果有机会与上司或资深同事共进午餐或喝咖啡，你可以借机向他们透露自己的规划："我一直觉得你们部门的工作很有趣。您当初是如何进入这个领域的？我很好奇，因为我最近也在探索这个方向。"

对于你的试探，你的上司作何反应？他们是充满好奇并有兴趣地倾听，还是敷衍回避？他们有没有给你一些着眼于你未来职业发展的反馈或具体称赞？比如说出"你在 X 方面做得很棒，专注 Y 会非常有助于你承担新责任"之类的话？你有没有被安排参与有影响力的项目，或者被邀请在越来越重要的事情上发挥作用？如果上司没有立即做出热情回应，不要急于下结论。调整你提出诉求的频率或场合，或尝试用不同方式进行表达。如果你试了几次还是没得到多少回应，也许是你的上司正忙，也许是他们根本没注意到你的诉求。不要因此放弃努力，而是要转向更为直接明确的对话方式。如果上司直接否定了你的请求（比如跟你说"现在不是合适时机""我需要你留在现有岗位"之类的话），那就要追问具体原因，比如你可以问："您能让我知道这里面到底存在什么阻碍吗？""我需要在哪些方面提升，才能为 X 做好准备？"这可能就足以打破僵局，但如果仍旧无效，我们也有其他的应对之策。我们将在本章接下来的内容中讨论如何应对上司的反对、阻挠甚至阻碍。

亮出你的底牌

接下来要做的，是和上司就你的职业发展方向达成共识，并搞清楚晋升需要具备哪些条件，是需要掌握新技能，积累更多经验，还是需要对公司有更深入的了解？在理想情况下，这一对话能够为你提供一份"任务清单"，这样你就知道自己该重点提升哪些方面，以及如何抓住时机予以充分展现。当然，这次谈话也可能暴露出你需要克服的挑战。

在下次面对面沟通前，先给上司发封邮件，表明你希望和他聊聊自己的职业发展。你无须透露所有细节，但需要提前让对方知道你想要的是一次关于职业发展的整体性讨论，这样才不会让对方感到突然。可以结合你之前的思考，并暗示你的目标会与上司或公司的利益相契合。你可以采用如下几种方式展开对话：

- **结合公司节奏**。你可以说："随着下季度/财年末等关键时间点的临近，我想听听您关于我如何在团队和公司内成长的意见。对我来说，我希望自己的岗位能以支持团队使命/重点项目/您的主要目标的方式去发展。"
- **关联近期成果**。你可以说："我一直在复盘最近的工作，特别是在 X 方面的成就，这让我开始思考自己的职业发展方向。我们能否找个时间谈一谈我的岗位角色以及我如何能够在 X 领域创造更大的价值？我已经有了一些想法，并非常想聆听您的意见。"
- **紧扣行业变革**。你可以说："鉴于目前行业趋势/竞争对手动向/市场变化，我们需要始终保持领先。我一直在思考该如何通过承担 X 职位来应对这些变化，以确保我们能牢牢占据主动权。"

如果上司对你的提议表现出开放态度，那再好不过。即便他们暂时持中立态度或有所保留，你也要保持主动请教和积极问询的姿态，因为这最终能够提高你获得认可的概率[1]，而且还能帮你获取关键信息，让你了解到你所争取的个人诉求是否真的同上司或组织的优先事项一致。

也许他们会觉得你尚未准备充分，或担心这会增加他们的工作量。他们还可能担心一旦答应了你，其他人也会群起跟进，令他们应接不暇。这时你就可以通过提出以下问题来明确两个问题：你的上司需要看到哪些具体成果，以及需要你何时实现。

- 我需要达成哪些关键成果或衡量指标，才能表明我足以胜任 X 职位？我希望设定清晰的努力目标。
- 您认为我还需要掌握哪些具体技能或积累哪些经验，才能胜任 X 职责？
- 对于晋升到 X 职位，我们公司有没有一条典型的时间线或职业发展路径？我想据此制定切合实际的目标。
- 在寻求晋升的过程中，我需要特别注意哪些内部流程或人际关系因素？
- 为了能够获得晋升，除了您，我还要寻求哪些关键决策者的支持？如果您对如何联系他们有任何建议，或者愿意帮忙引荐，我将不胜感激。

如果上司眼中的晋升标准与你从职场人脉那里获得的信息存在矛盾，那你应该优先考虑那些对你职业发展或项目分配有直接决定权的人的意见，即使这些人并非你的直属上司。例如，也许同事们认为考取某个专业证书有助于在职场脱颖而出，但你的上司却强调，实战经验而非学历才是推动未来项目的关键。如果是你的直属上司掌握着决定你能否晋升的项目分配权，那你就应该以他们的偏好作为自己的行动指南。但如果你们公司是由一个评审委员会或高管团队来评估晋升，而他们更看重持续学习，那么从长远来看，获得专业认证这件事可能对你更有利。无论如何，除非你和上司关系非常坦诚，并且公司文化鼓励合作与开放沟通，否则不要随意在上司面前提到你和其他公司内部人谈论过这个话题，因为透露这些细节可能会让你的上司产生一种被排除在信息圈外的不适感。如果感觉到有点无所适从，你还可以找你的职业导师或你信任的内部顾问聊聊，听听不同的看法或者意见。

活学活用

当你表达晋升意愿时，你的上司有可能会设置各种阻碍，以迫使你放弃诉求，或起码拖延一段时间。但千万不要灰心。当遇到以下的几种情况时，你可以如此应对：

当上司给出模糊的考核目标时：
请求对方提供具体案例，以了解别人是如何达成类似目标的。你可以说:"您说主动性很重要,那么能否举例说明,过去有谁达到了您所期望的那种成果?他们具体是怎么做的?"或者改用二选一封闭式提问:"您是想让我重点确保我们符合现行标准,还是更希望我准备应对即将出台的法规变化?"

当上司不愿给出明确的时间表时:

有时候你很难从外部获知他们不愿意给出晋升时间表的具体原因,不过你可以通过委婉的询问来了解更多信息,比如你可以说:"我知道现在有很多变动因素,是不是有外部因素影响了我们的项目安排?"或者:"我上次的绩效考核结果良好,所以我现在有些不太明白您犹豫的原因。是不是我遗漏了什么?"

当上司要求你等待下个晋升周期时:

你可以进一步了解关于晋升的限制条件:"每个周期的晋升名额是固定的吗?"也可以提议进行一次中期考核:"考虑到下个周期还很遥远,我们是否可以安排一次中期沟通,讨论一下我们在已确定领域的进展?这样我可以确认自己是否走在正确的轨道上,并在必要时进行调整。"

> **当上司说即使你表现优异也无法晋升时：**
> 我们稍后会谈谈当你被拒绝或彻底碰壁时该怎么做，但你现在可以先试着协商替代方案。比如，你可以说："我理解目前无法获得正式晋升。那么是否可以让我临时负责社交媒体团队？"这样的替代方案既能证明你的能力，又能为你的简历加分，以备未来另谋发展之需。

展示行动方案

无论摊牌的最终结果如何，你都应该在1~6周内准备一份简洁的文档或演示文稿，概述你打算采取的具体行动步骤。如果谈话结果还算积极，并且你的上司至少表现出一定的接受度，你就要用这份文件及时向他们说明你的方案。如果谈话未能达到你预期中的支持效果，不妨将此文件作为个人记录保存。即便暂时不能向上司展示，准备一套深思熟虑的策略也很有价值，因为一旦意外机会来临，这些东西就会派上用场。

重点是要告诉上司，你所从事的工作正好符合晋升的标准。不要只关注新机会或更大职权能为你个人带来什么好处（比如调换部门能让你避开讨厌的同事、扩大职权范围，或相应的加薪能让你送孩子上私立学校），要让上司想到他们能从你的提拔中获得哪些收益——在营销学中，这被称为"未来预演"。你可以说："如果能增加人手，我们在未来 6 个月内的获客量可以提升 20%。"或者："将我的头衔改为 X 能增强我对客户的影响力，这有助于我们在新领域拓展业务。"以下是一个示例：

领导您好：

  再次感谢您愿意就 X 职位 / 角色 / 职责和我进行探讨，这让我获得了很多启示。对于您提出需要改进的方面，我已经做了反思，并据此制订了一份行动方案。

  我的目标是在接下来的 XX 时间内（例如 3~6 个月、一年等）实现 XX 目标（例如带领一个小型项目团队，提升销售额百分之几等）。我认为这不仅有助于我实现个人目标（例如你的职业愿景 / 梦想），也能在 XX 方面为团队 / 公司带来价值。

  我也知道我需要进一步提升 XX 等关键技能，为此我制订了以下具体行动计划：

- 在培训方面，我正在考虑参加 XX 课程或工作坊。
- 在实践环节，我打算参与 XX 项目 / 任务。
- 我会向 XXX 导师 / 朋友寻求指导。

在进一步推进之前，我非常希望得到您的反馈。您觉得还有什么地方需要调整，或者还有其他我应该考虑的内容？

建议你和上司每个月或每个季度进行一次面对面沟通，以检查进展情况和改进目标。其间你可以把自己的成功经验和重要收获记录到故事库里（详见第 7 章），并详细说明它们与晋升评估标准的契合程度。比如，你可以这么写："我们一致认为跨部门影响力是担任 XX 职位所必需的一项技能。我一直在与销售团队协调电子邮件宣传活动的发送日期和内容，而且从那以后我们就再也没有错过任何一次邮件发送。就连业务开发部门的负责人莎莉也表示我们的这项支持非常有价值。"有规律的进展查验还能让你有机会进行重估并调整方向，这样你就不会被突发的组织变动或不可控的阻碍打乱节奏或影响进度。

活学活用

在整个晋升对话的过程中，你都需要提前做好准备，以应对上司可能提出的各种疑问和顾虑，尤其是关于"你是否做好准备"以及"你的晋升是否切实可行"等问题。

如果上司这么说:"我觉得你提出的晋升时间表不现实。"

你可以这样回应:"我愿意调整计划,但我还是想强调,X目标事关我的职业发展和工作满意度。我们是否可以考虑个折中方案?这样既能满足我的成长需求,也能解决您的顾虑。"

如果上司这么说:"你真的觉得自己能应对这个职位所带来的挑战吗?"

你可以这样回应:"我能理解您的担忧。我在做X项目时经历了不少困难,并从中学到了很多。虽然新岗位会有新挑战,但我已经做好了充分的应对准备。"

如果上司这么说:"要想承担X职责,你必须具备Y能力,你能做到吗?"

你可以这样回应:"您放心,我最近一直在重点提升这方面的能力。我参加了相关培训课程,并积极将其应用于实际工作之中。虽然还有进步空间,但我很期待能够在新岗位上运用这些技能,并在实践中进一步提升。"

如果上司这么说:"你不觉得在承担新职责之前,应该先提升一下X技能吗?"

你可以这样回应:"我确实还有需要学习的地方。我在X基础领域已经具备扎实功底,现正在积极学习Y高级技能。我正在进行全方位的资源准备,以确保能够胜任新职责。"

> 如果上司这么说:"和新团队/利益相关者打交道是一种完全不同的体验,你觉得你能适应吗?"
>
> 你可以这样回应:"我确实认真思考过这个问题。我的计划是一开始就多听、多了解大家的观点。我始终相信,开放沟通和团队协作能有效帮助我快速融入新环境。"
>
> 如果上司这么说:"这个岗位的压力可能会很大,你打算怎么应对?"
>
> 你可以这样回应:"我在 X 高压项目中已对此深有体会,我发现越是遇到压力越应该保持条理和冷静应对。我也领悟了在关键时刻主动寻求帮助的重要性。"

持续推进

虽然你已经竭尽全力来推进晋升对话,并运用本章所介绍的方法来应对各种反对意见,但你的上司仍可能会敷衍你、拖延你,或者用其他方式阻碍你的晋升。当遇到以下各种情况时,你可以这样应对:

上司说公司最近状况不佳

可能原因:

市场饱和、竞争加剧,或供应链问题,都可能影响你所在团队的新项目预算或晋升规划。消费者行为变化、大客户流失或管理决策失误也可能影响公司财务状况。

应对方法：

- **填补真空地带**。在困难时期，你要问自己："我如何能够化危为机？"当公司的优先事项转变为提升效率、改善盈利、维持稳定和维护声誉时，你也应调整工作重心，使其与组织目标对齐。这可能意味着在形势好转之前，你要暂时放弃创新项目，转而聚焦于公司的核心业务。
- **寻求快速成果**。例如，你可以寻找更为廉价的采购渠道，为节约资源而进行跨部门协作，实施自动化以简化流程，以及通过策划营销活动来提升复购率，利用这些成果为你的未来谈判铺路。比如，你可以说："我很乐意继续承担 X 职责，但希望后续能重新评估我的职责范围。"或者："我可以全力协助 X 工作，但我的最终职业方向在 Y 领域。您认为我什么时候能实现这个目标？"

上司因要事缠身而无暇顾及你

可能原因：

也许你的上司正忙于一个要求极高且至关重要的项目。他们可能正在处理人事纠纷、协调重组、合并或收购事宜，甚或上司出现了健康问题。以上任何一种情况都可能使晋升对话被暂时搁置。

应对方法：

- **减轻上司负担**。如果上司取消了关于你的职业发展沟通会议，你不能只是说一句"没关系"然后就此放弃，而是要主动重新安排会议。你可以说："等过几周这个项目尘埃落定后，我再找个合适的时间跟您对话。"另外，你也可以考虑把部分沟通转移到邮件或共享文档中："知道您时间紧张，为方便起见，我会在此文档中更新我在 X 方面的进展。您可以根据自己的时间安排提供反馈或更新。"
- **善于见缝插针**。如果你在茶水间遇到了上司，或者在会议开始前还有几分钟的空当，你可以这样跟他说："我知道您最近很忙，但我想趁这个机会简单汇报一下我在 X 任务上取得的突破。"你还可以通过为报告增添章节或脚注的方式来彰显你为实现既定职业发展目标而采取的各种行动。这既不会显得过于突兀，又可以让你的上司意识到你们的晋升对话仍在持续当中。

上司嘴上说"一切都在审批中"，却迟迟不见实质进展

可能原因：

很多组织，尤其是大型企业，可能存在着很多的审批层级，这会严重影响审批进度。你的上司可能觉得你已经在承担更重要的工作了，晚些再给正式头衔也不打紧；或者他们当初对你承诺过多，但其实并没有真正的实权或资源来兑现。

应对方法：

- **明确整个流程**：搞清楚所有细节，比如，你可以说："在晋升最终敲定前还需要走哪些流程？了解这些流程有助于我合理调整预期并做好规划。"或者："您能告诉我要加入 X 项目组最终需要谁拍板吗？我想了解整个审批流程是怎样的。"
- **主动提供协助**：主动咨询你的上司，看看你是否能够以实际行动帮助他们应对烦琐的审批流程："我知道有时候审批会被卡在材料缺失或文书工作等环节上，需要我帮忙整理或准备一些必要的文件吗？要不我起草一份关于我工作成果和过往参与项目的简要文档，以供晋升评审委员会参考？"

上司无故推诿拖延

可能原因：

你在晋升对话过程中的任何环节都可能遇到阻碍，原因则包括我们之前讨论过的资源限制、组织架构调整以及直属上司权限不足等。但有些上司也可能会因为他们自身的不安全感、害怕竞争或者个人偏见而故意阻碍你的发展。

应对方法：

- **咨询人力资源**。记录下你与上司讨论晋升的具体情况，比如没有给出明确的行动计划，或是晋升标准含糊不清甚至自相矛盾。向人力资源部门咨询，以明确公司在晋升和职业发展方面的具体政策："我们能否一起复盘一下我所采取的步骤，看看这里面是否存在某些我没有注意到的模式或者误解？""除了与我的上司进行沟通，我还可以利用哪些内部发声渠道？""关于我是否适合担任 X 职位的情况，我在反馈中注意到了一些不一致的地方。能否告诉我如何获得更清晰的评估标准，以便我知道怎么做才能获得晋升？"
- **寻找有力支持**。接下来我们将讨论利用他人的意见来说服你的上司，但如果经理不能或不愿支持你，你就需要寻找其他有影响力的人来为你发声。寻找在你汇报渠道中有影响力的个人、部门领导，或是公司里以支持下属、敢于为别人发声而闻名的高层。通过运用第 6 章所介绍的技能和步骤，你能够在几个月内和这些人建立牢固的联系，之后你就可以直接向他们寻求支持，比如请他们推荐你参与某个重要项目，为你给晋升评审委员会写推荐信，或帮助你转到另一个团队。

"话"外之计

请他人多为你美言

自己宣称已做好晋升准备是一回事，但如果有重要人物为你的能力和潜力背书，则会让晋升显得更有说服力。如果你一直注意收集他人对你的好评或赞扬，并且把它们都记录到了自己的故事库中（详见第7章），那么现在就到了充分利用这些"社会认同"的时候。你可以在和上司进行晋升对话时提出社交媒体上别人对你的积极评价；或者更进一步，你可以直接请某人亲自与你的上司沟通，或写封推荐信来支持你。拥有多位支持者可以创造一种"环绕声"效果，不仅能增强你的影响力，还有助于说服那些只听你一面之词时还犹豫不决的决策者。

例如，你可以对导师或资深同事说："我一直在思考自己在公司的下一步发展，我觉得自己已经做好了承担更多责任的准备。如果您在和大领导对话时提到这个话题，我希望您能多帮我美言几句。您的意见非常有分量，我认为这会对我有很大帮助。"如果有人给予你实质性的赞美，你可以问问他们是否愿意将这些赞扬转发给你的上司："非常感谢您认可我在X任务上的表现。我打算未来几个月内晋升到X职位，您的反馈对我来说意义重大。下次您与我领导交流时，能顺便提一下这件事吗？"

你也可以试着争取同事的支持，比如你可以说："我想再次感谢你在X项目上的出色配合。我计划最近就和我的上司讨论我的职业发展问题。你是否愿意在方便的时候和他分享一下你对我们合作经历的积极评价？"

让自己变得可替代

人类天生厌恶损失，[2] 所以当你表示想要晋升或转岗时，你上司的第一反应很可能是"那你现在的工作由谁来接手"。想到还要找人来替代你，且在过渡期可能面临工作质量下降或效率降低，这都会引发上司的抗拒心理。因此，在推进晋升对话的同时，你也必须同步考虑好具体任务、职责甚或整个岗位的平稳交接问题。没错，许多公司和团队都有足够的韧性，能够很快地招聘到替补或可填补空缺。但如果你能够主动帮上司减轻这份负担，则不仅可以加速自己的晋升进程，还能给上司留下持久的良好印象。不过，你在处理此事时需要格外谨慎。若处理不当，推荐他人接手你的项目可能被解读为不负责任或者是在越权指派工作。

是需要指定一名正式的继任者，还是可以只提供一些职责分配建议，抑或是干脆完全避开这个问题？正如本章前文所述，人脉对话将有助于你对此做出决策。如果你基于企业的文化特性决定继续推进这一事项，那就需要重点观察团队中哪些人具有主动性、能够持续产出高质量成果且技能与你形成互补。如果你看中的人恰好是你的直属下属，你可以直接询问其职业目标；但如果是同级的同事，你就需要通过一些试探性的提问，去了解他们是否感兴趣以及是否有精力接手更多工作：

- 你最近的工作量如何？我注意到你一直在同时处理 X 和 Y。你应付得过来吗，还是说已经忙得焦头烂额了？

- 你在 X 任务上的表现非常出色。你有没有想过在这个领域继续深入发展？
- 我记得你提到过想在 X 领域积累更多经验。我这里正好有一些相关的任务，也许能帮上忙。要不要找时间坐下来聊聊？
- 我知道你以前做过类似的事情，所以我很需要你对 X 任务提出意见。你有时间帮我一下吗？

当你和上司谈到交接事项时，注意要以提问的方式来推荐你觉得合适的人选。比如，你可以说："艾米丽近期表现挺好的，我认为她非常适合逐步接手我在 X 项目中的职责。我觉得在过渡期间可以让她更多参与这个项目，您觉得如何？"为了避免显得过于自以为是，建议你要多用像"潜在候选人"或"可能的合适人选"这样的措辞，而不是明确说"谁应该接替我"。如果你目前还不带团队，只是一名个体贡献者，那你可以考虑把一部分任务交给机器去做，这既能减轻日常负担，又可以让你腾出时间转向其他领域。或者，你也可以考虑引入外包人员来承担部分具体工作。

随机应变

如果上司偏袒他人

当你眼睁睁看着上司一再把机会留给你的同事，而你却总是被忽视，这种感觉确实会让人沮丧。然而，如果你已经执行了本书之前提到的那些提升可见度和拓展人脉的方法，那么恭喜你，你起码已经有了一部分支持者，他们可以在一定程度上制衡上司对其他团队成员的偏爱。但即便如此，你仍需要付出极大努力才能够保持足够的自信。以下是一些帮助你坚持下去的方法：

- **分析他们的互动模式**。这个被偏爱的同事是不是总能在计划上领先一步，或者特别擅长临场解决问题？他们是不是总能提出大胆的想法、支持他人的提议，或将对话引向解决方案？要深入分析他们的实质贡献和沟通风格，因为这能够为你表达方式的改进提供诸多借鉴。
- **与"职场红人"交好**。丹尼尔的同事辛迪被领导选中参加某行业会议，自己却不幸落选。但他并没有因此而气急败坏，而是选择以专业态度应对。在辛迪出发前，他通过电子邮件将她介绍给了自己的一些关键客户；会后，丹尼尔又为她安排了接风午餐。辛迪向丹尼尔分享了自己在会议上的收获，然后他们一起就某些潜在项目的机会做了跟进。与职场的"当红炸子鸡"建立良好的关系，也能改善上司对你的感观。
- **主动表达你的意愿**。要让领导知道你想参与更有挑战性的项目，而且要主动询问自己怎么做才能增加被选中的可能性。比如，你可以说："您分配给奥斯汀的那个项目也是我很想参与的工作类型。我需要做些什么才能在未来获得类似的机会？"

- **通过对比凸显优势**。要强调你如何能够弥补团队中的短板，或者你在技能上如何能与上司的"红人"形成互补。例如，在团队会议上，你可以适时补充说："佩杰曼很擅长把握客户需求，而在我们一起搭档时，我发现我的经济学背景能让我们的提案更有深度。"或者，在与上司进行面对面沟通时，你可以这样说："我注意到格雷森在前期的创意头脑风暴阶段表现出色，而我擅长的是将宏大构想转化为可执行的步骤，这正是我们在 X 项目中所需要的技能组合。"

如果你想彻底改变现状

辞职并不是唯一的选项（尽管我们会在第 10 章探讨如何优雅地离职！）。你也可以通过一些没那么激烈但更有成效的方式来实现职业满足感。你无须立即颠覆一切，而是可以通过"工作重塑"[3]的方式，让你的日常工作包含更多你真正喜欢的内容。以下是一些具体的方法：

- **从过往见未来**。海莉是一位养老基金绩效经理，她内心感到十分矛盾。她热爱自己的公司和同事，但她确定自己根本不想升到上司的位置——现在不想，将来也不想。为了帮助她理清思路，我让她回顾自己在过去 5~7 个工作岗位上的经历。她最喜欢哪一份工作，最不喜欢哪一份？目前对她的职业生涯来说最重要的是什么？通过这个练习，她清楚地发现自己的热情已从财务分析转向指导和培训其他女性员工。

- **重组职业内容**。思考一下，你是否可以改变或调整你的职责性质或任务数量（即任务重塑）。例如，你可以重新安排日程，让一周中的某些时间固定用于你喜欢的创意项目；你也可以将更多时间投入研究工作，同时减少同客户的对接。海莉成功把一些报表类工作分派给了下属，这样她就能够腾出时间接受邀请，去参加一些新人入职培训活动。

- **调整人际关系**。关系重塑的核心在于改变你的互动对象和互动方式。随着时间的推移，海莉开始意识到自己可以承担一个新的职能——为公司不同团队提供领导力辅导。她开始运用自己的人脉技能，在自助餐厅等公共空间有意识地与员工关系部门的同事闲聊，并借此来展现自己对领导力辅导工作的兴趣。结果这些同事开始主动邀请她参与一些正在筹划的辅导项目的咨询，还邀请她参加相关话题的高管会议。

- **更新身份认知**。工作重塑的最后一个方面是认知重塑，即调整你对工作及其背后意义的认知。比如，你是一名行政助理，你可以不把这份工作仅仅视为校对文档，而是视为一个帮助他人、让别人生活更轻松的机会。尝试从新的角度去思考你的岗位职责，聚焦于那些让你最有成就感的方面。例如，海莉把自己的工作角色从单纯地关注绩效指标，重新定义为在公司内部赋能和培养未来的领导者。

- **以工作为试验**。虽然海莉付出了很多努力，但很明显，公司高层对于是否要在公司内部设立正式的辅导项目持观望态度。海莉并未因此气馁，她反而利用这个机会尝试了不同的领导力框架和理念，这些内容不仅可用于她当下的工作，也可以应用于未来她自己的事业之中。这既保住了她的积极性，也为她未来的发展奠定了基础。请思考一下，在孤注一掷之前，你能否找到一些低风险的方式来尝试你想要做出的改变。也许你可以跟随某人去观察他们的日常工作内容，你也可以尝试承接一个外部的咨询项目或报名相关课程，来确认你是否真的想继续在某个方向上进一步发展自己的兴趣。

你可能还没有迫切想要晋升或离开现有职位的想法，这完全没问题。但不要因此认为你可以推迟进行晋升对话。相反，你现在就应该开始准备，唯有如此，当机会来临时你才能有理有据地去表达自己的诉求。试着主动与公司内真正了解晋升之道的人进行交流，然后开始调整自己的定位，以满足那些有助于实现你个人、上司以及公司目标的关键需求。虽然获得提拔或被选中参与重要项目是件非常棒的事情，但请记住，职业发展绝不仅限于职位头衔的变化。因为对大多数人来说，最实际的好处还是在于随之而来的薪酬增长。下一章我们将进入薪酬对话这一环节，学习如何把那些令人不适的薪资谈判转变为成功的协商。

第 9 章　薪酬对话

谈薪有道，如愿以偿

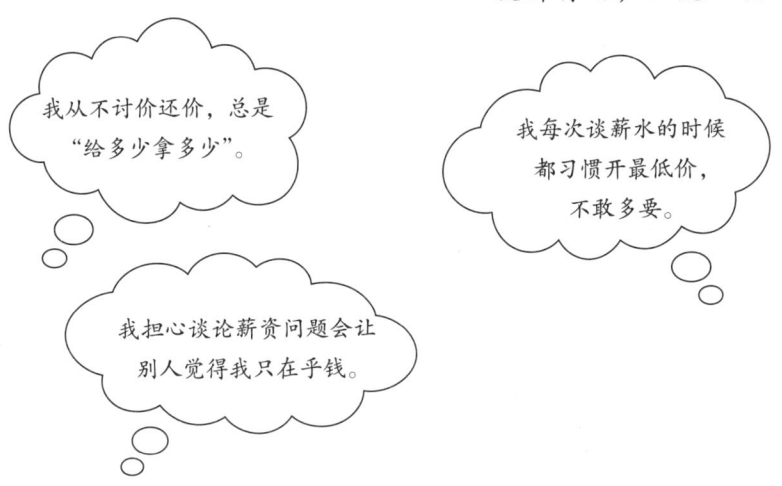

> 我从不讨价还价，总是"给多少拿多少"。

> 我每次谈薪水的时候都习惯开最低价，不敢多要。

> 我担心谈论薪资问题会让别人觉得我只在乎钱。

作为一家科技公司的客户赋能负责人，埃萨多瓦领导着一支由 200 多人组成的团队，其工作地点遍布东京、孟买和纽约。他最近一次的重要成果，是向公司最大的客户进行产品展示，该客户随后同意将公司的项目跟踪软件推广到其亚太地区办事处的 3500 多名员工中，这为公司带来了每年数百万美元的收入。他的上司、运营副总裁雷内为此欣喜若狂，而更重要的是，埃萨多瓦开始认识到，自己可以在向现有客户追加销售方面发挥更积极的作用。

在随后的季度面对面沟通中，埃萨多瓦就其未来的职业发展问题同雷内进行了讨论。雷内问他："那么，你想成为客户成功副总裁①吗？我认为你已经准备好了。"埃萨多瓦对此很感兴趣，于是当天工作结束后，他就开始在网上搜索客户成功副总裁的职责描述和薪资水平。在搜索过程中，他无意中发现，像他这样资历的客户赋能负责人的薪资，通常是他目前收入的两倍多。也就是说，他目前的薪水还不到行业平均水平的一半。"这不太可能吧，"他心想，并给一位现在是猎头公司高管的大学朋友发了短信。这位朋友认为不到一半的这种说法有些夸张，但她可以肯定埃萨多瓦的薪资水平确实偏低，比市场水平少了约30%。

接下来的几天，埃萨多瓦一直处于恍惚状态，他在想，自己是不是应该找份新工作？他和伴侣打算收养一个孩子，所以现在真的是跳槽的合适时机吗？他跟我说："如果我现在的薪酬足够合理，我觉得我根本不会考虑离职。"

"你有没有跟雷内谈过薪酬的问题？你们有没有坦率地讨论过你的工作、股票期权或其他福利？"我问道。

埃萨多瓦想了一下，然后说："没有。我大学毕业并加入公司时正值经济衰退，我当时只觉得能找份工作就已经很幸运了。而且我那时候在客户成功这方面一点经验都没有，是公司给了我机会。我压根儿没觉得自己有讨价还价的余地。"

---

① 客户成功副总裁，是很多科技公司或以客户为中心的企业中的一个高层管理职位，具体职责包括提升客户满意度与续约率，建立并维护公司与客户之间的长期关系，以及推动客户追加购买和升级服务等。——译者注

在那之后，总会有各种理由让他觉得"现在不是谈钱的好时机"，比如公司即将召开年度投资者大会，正在筹备上市，或者忙于规划发展路线图，等等。"我一直认为自己是个团队合作者，"埃萨多瓦说，"所以他们给什么薪酬我就接受了。我也不想让自己难堪，万一他们回我一句'对不起，我们不能或者不愿意给你加薪'，那多尴尬啊。"但如今，埃萨多瓦的不满情绪正在积累。当他与其他部门的同事开会时，他总会忍不住想："他们到底拿多少工资？"

虽然对公开谈论薪资的禁忌正在慢慢消退，但多年来的保密和尴尬氛围，仍然让许多职场人士在评估个人价值时感到缺乏准备和能力不足。但这种情况马上就要改变了。在这一章中，你不仅将学会如何调研市场薪资水平，并据此制定一份有战略意义的商业案例以证明自己获得高薪的合理性，还将学会如何利用资历、技能等多种筹码自信地表达诉求。需要注意的是，主张自我价值与显得咄咄逼人之间只有一线之隔，因此你还得提升在面对上司时应对情绪波动的技巧，包括如何巧妙回应反对意见和低薪资报价。

我们在上一章中就提到，晋升和薪酬对话通常是相辅相成的。但在某些情况下，你可能并不怎么考虑晋升问题，而是更希望讨论薪酬。"职责蔓延"就是一个典型例子：随着你的工作职责逐渐且显著地增加，你会开始涉及一些原本不在职责描述中的高级任务或技能，而且这种变化具有长期持续性。公司内部的一些重大事件，例如新一轮融资、被并购或经历重大重组，也可能大范围地改变组织格局，并影响你的工作量或职责的复杂性。在这种情况下，即便没有得到正式的头衔变化或职位提升，你也有必要重新评估你的薪酬水平。

或许更重要的是，如果你没有进行有效的薪酬谈判，则可能会错失一笔高达60万~100万美元的终身收入和退休储蓄。[1]由于复利效应的存在，即使是每年仅有小幅的薪资增长，长期积累起来也会产生显著的影响。例如，假设一个人35岁，年薪为6.4万美元（美国平均水平）。如果每年能够争取到一个4%的小幅增长，那么到55岁时，他的年薪将增加119%，达到14万美元以上。所以，请问问你自己："如果我能获得这些额外的收入，我能做些什么？这会对我的舒适度、幸福感和安全感，甚至对我家庭的生活质量带来什么影响？"

"金钱和意义我只能二选一，无法兼得"

"多年来，我一直关注我们能为学生做些什么，而不是我赚了多少钱，"一位教育倡导组织的顾问告诉我，"我担心如果我要求加薪，会被视为一个麻烦制造者。"许多专业人士，尤其是那些从事帮助性、创意类或非营利性工作的人，常常被灌输这样的观念：你要么选择高薪，要么选择有意义的工作。这种非黑即白的思维方式并不正确，并且会让你产生长期的职业挫败感。

考虑另一种可能性：有意义固然重要，但意义与金钱兼备则是好上加好。当你获得公平的报酬时，你会更加专注于做好自己的工作，而这最终会使每个人受益。研究表明，对薪酬感到满意的员工往往对自己的工作感到更满意，并且对公司更忠诚，因此，你的上司、高层领导、同事和客户都会受益于你专注度和工作效能的提升。从实际角度来看，给你加薪通常比雇用新员工更划算、更省事，因为招聘新员工不仅耗时耗力、成本高昂，而且充满不确定性。

"我害怕说错话或做错事"

如果加薪要求被拒绝，我以后还怎么和上司相处？明知公司不认可我的价值，那我还有必要待在这里吗？或许最重要的是：这次拒绝对我的个人价值和我的工作价值意味着什么？这种想要保护自己免受尴尬和羞耻等痛苦情绪影响的心理压力，会让你在争取加薪时迫切想找到一套万无一失的说辞。你会想："要是我能掌握完美的措辞或套路，一切就好办了。"

事实上，根本不存在某种只要以特定方式表达就一定能成功的完美话术。即使你第一次没有成功争取到加薪，你也已经取得了两个关键成果：首先，你获得了实践经验，而且因敢于主动尝试而建立起了自信心，这些收获都是无价的；其次，你收集到了关于公司薪酬体系的重要信息，比如哪些部门或岗位更受重视，你的上司或其他人如何看待你工作的价值。这些都能为你在下次争取加薪时提供更有说服力的依据。

"我害怕遭到报复"

对女性、少数族裔和有色人种而言，这种害怕遭到报复或被视为贪婪、不知感恩或好斗的情况尤为真实，因为当他们提出加薪要求时，往往比白人男性同事更容易被贴上"不够友善"[2]"难搞""苛求"[3]的标签。虽然实现完全的同工同酬和消除职场中长期存在的偏见仍需时日，但你现在就可以为自己和他人发声。例如，如果在会议中讨论到全团队的薪酬变动，你可以试着深入了解其中的依据："这些数字是如何确定的？公司为了确保公平多久会审查一次？"你可以在有高管在场的全员大会上礼貌但直接地提问："公司目前采取了哪些措施来审查和解决潜在的薪酬差距？"你还可以指导职场新人，教他们如何与上级谈论薪酬问题。你甚至可以公开地与同事讨论薪资（稍后我们会介绍该如何自然地进行这类对话）。

更何况，什么都不说、不去争取，以至于错失很多机会，这难道不是更糟糕的结果吗？正如一位女性公关经理告诉我的："我一度工作到精疲力竭，最后甚至提了辞职，结果公司当即提出加薪2.5万美元来挽留我。我既高兴又愤怒，因为他们显然早就该给我加薪，但却一直不肯这么做。现在我更懂得为自己争取权益了，我会时刻注意记录我在工作中的成绩，而且不会再等到忍无可忍的时候才去找上司对话。"

"去你的，给钱"

当我刚开始创业时，我曾看过设计师迈克·蒙特罗在"创意早晨"系列讲座中的一场演讲，题目叫《去你的，给钱》，这句话的灵感来自电影《好家伙》中的雷·利奥塔那段经典独白。[4] 在电影中，利奥塔饰演的黑帮分子亨利·希尔在谈到如何拿回属于自己的钱时说："生意不好？去你的，给钱。你家着火了？去你的，给钱。你店被雷劈了？去你的，给钱。"虽然我不建议你真的去骂领导，但对于争取公平报酬这件事，我们确实应该有一种无需歉意的坚定自信态度。所以下次你准备和上司进行至关重要的薪酬对话时，不妨也带上一点雷·利奥塔的那种毫不动摇的信念（当然，黑帮那一套咱就别学了）。

做好功课

关于薪酬的对话或许永远没有一个"完美时机"，但提前了解公司的整体运营情况显然能大大提高你的成功率。以下几种方法可以帮助你评估企业财务状况，并判断是不是提出加薪要求的好时机。

- **查阅公司财报**。如果盈利报告显示出持续增长的趋势且利润率较高，则通常表明公司处于扩张期，其加薪的可能性也更高。留意财报中是否有"超出预期""季度业绩创纪录"等表述，这些都是可以提出加薪的积极信号。相反，如果财报中频繁出现"预算削减""成本控制""紧缩措施"等措辞，那情况可能不太妙。
- **关注业务进展**。最近公司有没有启动重要的新合作项目，或者签订了大规模、长周期的合同，尤其是那些能开辟新市场或带来大量收入的新机会？如果这些合作对象是行业龙头企业或政府机构，那就更好了，因为这类组织通常更为稳定可靠。
- **研判行业趋势**。如果公司在市场份额、创新或客户满意度等关键指标上都领先于同行，则更可能具备加薪空间；反之，如果公司或者整个行业正面临着监管挑战、需求下滑或颠覆性技术等逆风，那你就需要谨慎行事。
- **留意招聘动向**。如果公司正在积极招聘，则意味着公司业务向好，管理层很可能乐于给员工加薪；如果你发现招聘突然放缓，或者招聘仅限于填补关键岗位或针对非常具体、短期的项目，这可能不是好兆头。
- **考察市场环境**。进行网络搜索，看看你所在行业是否存在"人才短缺"的讨论。查找有关你专业领域"技能缺口"的文章或报告。留意竞争对手是否在通过提高薪资或福利来留住与你职位相似的员工。所有这些迹象都可能表明你处于高需求状态，并意味着你有机会争取到更高幅度的加薪。

你的职位越高，你就越有机会参与高层讨论，对公司财务状况的了解也会越深入，这使你能更恰当地把握提出加薪请求的时机。同样，如果你本身就处于管理层，你对薪酬结构的理解也会更深入（因为你自己可能也要帮下属定薪），因此能够为自己找到更有说服力的加薪理由，比如证明你达成甚至超越了预定的目标或标准等。身处热门行业或拥有抢手的技能，通常意味着你会经常被招聘者联系。这类关注不仅能让你掌握当前的市场薪资行情，还可以被你巧妙地用来表明你值得从现有雇主那里获得有竞争力的薪酬。

在分析完这些信号后，你有可能会发现当下并非要求加薪的最佳时机。但这不意味着你已经没有机会了，恰恰相反，你这是在进行一场长期博弈，是在了解全局并做出更加明智而审慎的决定。合适的时机终会到来，而到那时，你已做好万全准备，完全可以大胆提出你的诉求。

构建你的商业案例

你的上司需要具体的数据和指标来向他的上级证明投资于你是值得的，会产生正向的回报。假设你已根据上述标准得出现在是进行薪酬对话的合适时机,那么接下来你需要通过一些关键准备工作来向上司证明以下两点:(1)你已经是一名价值贡献者;(2)公司通过给你加薪可能获得更多潜在收益。

在踏入上司的办公室前,请先回顾一下你的故事库(详见第 7 章),挑选出最能体现你价值的关键成就,尤其是那些能够量化你工作价值的案例。如果你是职场新人,可以列举以下量化指标:你对项目的贡献(如任务完成率、质量评分、流程改进数据等)、你完成或超额完成目标的能力,以及你主动承担的额外职责等。如果你是中层管理者,则应注意收集你所在团队的绩效数据(如生产效率、员工参与度、项目交付时间等)、你的部门目标达成情况,以及你所达成的运营效果(如合规率、客户留存率等)。作为高层管理者,你的加薪理由则应主要围绕收入增长、成本控制、利润率、市场份额,或你培养高潜力人才梯队的能力等展开。

如果很难用具体数字量化你的工作成绩,你也可以考虑以下替代方案:

- **进行区间估算**。不确定自己具体服务了多少客户或经手了多少交付内容,那就估算一个区间值,比如:"自 1 月份以来,我帮助运营团队节省了 60~90 小时的工作量。"
- **考虑执行频率**。你执行某项任务的频率是每日、每周,还是每月?例如:"过去 6 个月,我每天两次负责处理客服队列问题。"

- **做出横向对比**。将你的成果与同事、竞争对手或行业标准进行比较:"我策划的限时促销邮件活动打开率达 40%,超出行业平均水平 30%。"
- **运用定性思考**。完全找不到可以用的数字,那就通过整理一份包含客户赞誉的"社会认同"或微型案例分析来展示你的影响力。

不仅要强调你过去贡献的投资回报率,还要关注如果获得相应加薪后,你未来能带来什么样的潜在投资回报。可以用公司内部类似项目或你直接参与过项目的数据作为参考。例如,如果之前的某次推广活动使得捐款增加了 15%,你就可以以此为基准设定自己的未来目标。你还可以利用通过人脉对话积累的社会资本来获取预测数据,构建你的商业案例。比如你可以向销售部门的同事了解客户获取成本,还可以请财务部门的朋友提供利润率以及预算分配等数据,服务交付部门的同事则可以为你提供客户满意度方面的指标数据。就像你可以用区间值描述过去的成果,你也可以用区间值预测未来:"保守估计,X 项目可以使客户续签率提高 10%,预计能带来 Y 美元的收入增长。乐观估计,我们可能会看到高达 20% 的增长,产生 Z 美元的额外收入。"

我建议将你的商业案例整理成一份文档。类似于你在晋升对话中所做的规划,这份文档也应当包含清晰易懂的标题(例如过往记录、业绩成果、未来增长、预计投资回报率），以及简洁明了的要点和可视化元素（如饼图、前后对比图等）。如果你所在的工作环境非常正式，薪酬讨论过程严谨且高度结构化，你就需要一步步地向上司详细介绍你的规划。但在大多数情况下，用口头方式讲清楚这些关键点就足够了。无论采用哪种方式，提前做好准备都会让你更有信心，而这份文档也可以在你需要时作为参考依据。此外，你还可以选择在对话之前或之后把这份文档发送给上司，因为这种具体可视化的材料不仅会让你的加薪请求更有说服力，同时也能让上司对你产生积极而深刻的印象。

确认加薪幅度

如果你要的加薪幅度太高，可能会被认为不切实际甚至傲慢。要价过低则可能让你在未来 5~10 年的职业生涯中始终只能拿到一个基础水平的薪资。在美国，全国的平均加薪幅度一般在 4.5%～6% 之间，[5] 但我的客户中拿到 10% 甚至 20% 以上涨幅的也不少见。如果你已践行本书中的所有建议，那你理应争取更高的加薪幅度，这样你就有了和上司谈判的余地，并最终达成一个双方都满意的折中方案。

以下是一些大致的参考标准。请记住，如果你在公司的资历已经非常深厚且表现出色，那就应当尽力争取各个区间的上限值：

- **申请加薪 5%～10%**。如果你还是个初级员工甚或刚入行，那就需要在野心与现实之间取得平衡。建议采取保守策略，通常来说，申请一个 5%～10% 的加薪目标较为稳妥，尤其是在那些财务保守型公司或具有传统加薪结构的行业。若你的薪资已接近当前职级的上限，申请小幅涨薪可能是最为靠谱的选择。

- **申请加薪 10%～15%**。如果你已是中层员工，且拥有较丰富的资历或出色的工作成果，那可以试着争取 10%～15% 的加薪幅度。即使你现在的薪资已经达到甚或超出了市场平均水平，但只要你能一直有超预期的表现，你就完全有理由要求更多。

- **申请加薪 15%～25%**。拥有丰富经验的高级管理人员，由于其工作表现直接影响公司的创收，所以通常可以要求更大幅度的加薪。虽然要求 15%～25% 的加薪听上去有些大胆，但如果你属于行业稀缺人才，承担了重要职责却一直没有获得调薪，或者你现在的薪资严重低于行业标准，你就完全有理由要这么多。但因为这个加薪幅度很大，所以你必须以充分的市场薪资数据作为支撑，而且要清楚地说明你为公司利润提升做出的实际贡献。

先从直觉上做个判断，把你期望的薪酬数字和市场行情做个对比。在 Glassdoor、Payscale 和 Salary.com 这类薪资查询网站上，你可以通过输入职位名称、工作地点、工作年限等信息，获取一个基准薪资的参考值。不过要记住，如果你的实际工作职责已经超出了当前职级，那你应该查看的是比你现任职位更高一级的薪资水平，而不是你目前职务的薪资。你也可以直接向人力资源部门询问，了解你目前的薪资在对应职级薪资范围中所处的具体位置。

另一个很实用但需谨慎使用的策略，是直接向关系要好的同事询问其薪资情况。比如，你可以说："我在 Salary.com 上看到我们这个职位的平均薪资是 X 美元，你觉得这个数字靠谱吗？""我打算申请把薪资调到 X 到 Y 美元区间，以你的经验看这个要求合理吗？""我马上要做年度绩效评估了，现在薪资是 X 美元，你觉得申请多少涨幅比较合适？"你甚至可以把责任推给我，比如，你可以对他们说："我刚在一本书里看到，了解同事的薪资状况对促进个人发展和争取职场公平都很有帮助。如果你愿意透露你的薪酬结构，我也很乐意分享我的。这件事就你知我知，我可以先说。"我知道询问别人薪资这件事可能有点敏感，但如果不问，你就会永远拿着低于市场水平的低薪并且被蒙在鼓里，那才是最不划算的事。

敲定会面时间

要想发起薪酬对话，最好是选择上司压力较小或不太忙碌的时段，要避开季度末、重大项目截止前等公司特别忙碌的时刻，同时也要避开整个行业的繁忙季节（例如，如果你是一名会计师，就要避免在 4 月 15 日之前的报税季提加薪问题）。千万不要对上司搞突然袭击，而是应提前告知，让其有所准备。你可以选择在下次的面对面沟通中提出诉求，或给他们发送主题为"薪酬讨论"的邮件。以下是一些可综合使用的话术：

- **直抒胸臆**。"我一直在思考我为团队带来的价值，并希望根据我的贡献探讨调整薪资的可能性。我们能否在未来几周内安排时间聊聊这个问题？"
- **聚焦成果**。"我想和您沟通一下我们最近取得的一些成果，特别是在 X 项目上的成绩，以及我在团队中日益增长的贡献。我想在您方便的时候和您聊聊，这些应该如何在我的薪酬中得到体现？"
- **关注未来**。"我一直在思考我的职业发展路径以及未来前景，其中也包括对薪酬的考量。我希望有机会和您聊聊这方面的问题，并听取您的建议。什么时候方便我们坐下来谈一谈？"
- **对标市场**。"我最近对我这个岗位和技能组合的市场薪资做了一些调研，我想结合我当前的薪资水平，就我的一些发现与您进行一下沟通。对我来说，确保我的薪酬符合行业标准非常重要。我们可以找个时间详细聊聊吗？"
- **职责拓展**。"随着职责的增加，我认为现在非常有必要讨论一下薪酬与职责的匹配度问题,我希望这两者能够同步扩展。我们能否尽快就此谈一谈?"

正式的薪酬对话时间不应过长,应尽量控制在 20~30 分钟之间。这个时间长度已足够展示你精心准备的文档或口头概述你的商业案例要点,同时又不会让谈话显得尴尬和拖沓。如果你的情况比较复杂,比如你需要就全新的合同条款进行谈判,那就可能需要更长时间,或者需要进行多次讨论。

提出加薪诉求

当正式进入薪酬对话时,不要拐弯抹角或聊闲话。首先表达感谢,并清晰说明你的对话目的:"感谢您在百忙之中抽出时间和我进行沟通。我希望就我的薪资和您进行一次坦诚的对话,特别是考虑到 X 等因素。"或者:"感谢您能安排时间和我对话。我主要是想和您讨论一下我的薪酬问题,并探讨是否可以根据 X 原因进行调整。"接下来,要引出你的商业案例(比如,你可以说:"我想分享一些关于我过往贡献的数据和案例,以及我打算如何在这个岗位上持续发挥价值。"),并开始向你的上司详细介绍你取得的关键量化成果,以及你计划如何扩大自己的影响力(例如,你可以说:"展望未来,我计划利用我在 X 领域的专业知识来优化 Y 流程,从而带来 Z 方面的收益。")。如果对方认为你的诉求公平合理，他们更有可能做出积极回应，[6] 所以你可以接着说："基于我刚才分享的内容，我希望讨论一下对我当前薪酬的调整问题。"或者："现在似乎是时候考虑如何让我的薪资与贡献相匹配的问题了。"

要求加薪可能是职场中最复杂、最有压力的问题之一，所以你最好不要拘泥于单一方法，而是要具有多样化的表达方式。在本书的前面，尤其是在第 1 章和第 2 章中，我们已经详细介绍过理解上司沟通风格及个性的重要性，因此在进行薪酬对话时，你可以基于你对上司的理解，灵活运用以下话术：

- 鉴于我在过去 X 个月中所取得的成就，我希望重新审视我的薪资，以确保其符合行业平均水平。
- 我做了些调查，发现我目前的薪资低于我这个职位及地区的平均水平。我希望我们能一起找到一个合理的解决办法。
- 基于我最近所取得的 X 等成就，我认为 Y% 或 Z 美元的加薪是合理的。
- 今年我承担了更多责任，并在 X 方面取得了显著的成功。我认为 Y% 或 Z 美元的加薪能够更好反映我为公司所创造的价值。
- 基于我的调研，我建议将我的薪资调整为 X 美元，我认为这个数字符合我的贡献和市场水平。
- 随着 X 项目的推进，并考虑到我在 Y 领域所扮演的角色，我认为只有将我的薪资提高到 Z 美元，才能够体现出我职责的变化。
- 我在 X 项目中发挥了关键作用，我认为这应该在我的薪酬中有所体现。我建议将薪资提高到 Y 美元。
- 在综合考虑了我当前岗位的职责、我的表现以及行业基准后，我认为将薪资提高到 X 美元比较公平。

说出你想要的数字，然后停下来并保持沉默。沉默是一种力量。在谈判中停顿的人通常被认为更具自信、更有能力且更值得信赖。[7] 沉默还会制造紧张感，促使对方为了缓解不适而主动做出让步。

应对阻力

无论你多么努力工作、取得了多少成就、理由陈述多么充分，你的上司都可能因为一些你无法控制的原因而无法马上同意给你加薪。如果你处于职业生涯的早期阶段或刚进入新岗位，你就需要注意不能过于强硬，因为你目前尚无足够的谈判实力。你的资历越深、职龄越长，你就越有可能拥有更多谈判筹码，这时候你就可以将自己定位为上司的合作伙伴，在强调你在组织内经验和贡献的同时进行一场平等共赢的对话。
- 如果他们以预算限制为由拒绝你，你可以尝试这样回应：

"您能说得更详细点吗？这或许能帮助我们找到一个双方都能接受的折中方案。""我理解。也许我们可以考虑一些与绩效挂钩的激励方式，或者在财务状况改善后再进行加薪？"

- 如果他们以公司政策或时机为由拒绝你，你可以尝试这样回应："过去是否有这类政策的调整先例或例外情况？""既然我的下次评估是在XX时间，到时候我们可以继续讨论加薪问题吗？"

- 如果他们以你的工作成果不足为由拒绝你，你可以尝试这样回应："您需要看到哪些具体的结果或达到哪些里程碑才能放心给予加薪？""我将继续记录我的工作成绩及效果，并期待在X个月后重新进行评估。这样可以吗？"

- 如果他们以给你加薪对其他人不公平为由拒绝你，你可以尝试这样回应："我们是如何根据贡献水平来区分职责的？我的加薪是否可以反映这种差别？""我能否了解一下整个团队的加薪标准到底是什么，以确保我们每个人都能公平地得到奖励？"

- 如果他们以业务不确定性太大为由拒绝你，你可以尝试这样回应："我们目前面临的具体挑战有哪些？我希望我的工作能够有助于解决这些问题。""如果暂时无法加薪，我们能否考虑其他福利，比如股票期权或职业发展机会？"（稍后我们将讨论你可以要求的其他非金钱类福利！）

如果你听到的不是热情的肯定答复和实质性的加薪，那确实会令人沮丧和泄气。无论你的上司当时说了什么或提出什么建议，你都不需要立即回应。请求一到两天的时间来考虑他们的提议，让情绪平复下来，这样你才能优雅地接受对方的建议或提出一个充满策略的反提议。

当纳夏被考虑接任她上司的职位时，她原本希望得到 10 万美元的年薪，这接近该职位的市场价上限，但问题是公司只愿意给她 8.5 万美元。于是她制订了几种备选方案，且这些方案都能在一定程度上满足她的核心诉求。第一个方案是，如果公司不能给她 10 万美元，她可以在保持现有福利的前提下接受 9.5 万美元的薪资报价，特别是如果能在 6 个月后重新评估薪资的话。第二个方案是，她也可以考虑 9 万美元的方案，前提是公司额外给她一周假期。第三个方案是，如果 8.5 万美元确实是公司能给出的最高价，那么她需要两周额外假期和弹性工作时间作为补偿。有了这些层层递进的选择，纳夏心里感觉到很踏实，这也使她不会因为一时慌乱而接受不利于自己的方案。

你可以注意到，她的备选方案中包含了非金钱类补偿，这些补偿有时和金钱一样有价值，而且通常更容易被上司接受。想一想你所在公司的情况，看看有哪些是比加薪更容易被领导接受的让步选项。如果你资历较深，你就会拥有更多的话语权，可以争取职位头衔变更、更好的办公室、股票权益，甚至重新装修家中办公室的津贴。初级和中级员工则可能更容易获得弹性工作时间、远程办公天数、职业培训或交通报销，以及额外假期等福利。你甚至可以提出参与新的项目、加入通常只让高级员工参加的会议或计划会，或者调整你的工作职责，以更好地发挥你的优势。

即使你做了充分的准备并尽力落实了本章介绍的所有建议，对方仍有可能会拒绝你或者跟你说"这件事暂时搁置"。你可以礼貌地要求对方将拒绝决定记录在案："是否可以书面说明这一决定及其理由？这将有助于我理解并相应规划下一步的行动。"要求他们正式说明理由有时会促使他们重新评估最终决定，而且即使他们改变立场，你也起码会留下一份正式书面记录。与此同时，为了争取上司的"将来支持"，你可以试着对他这样说："如果我持续达到并超越关键指标，您是否愿意支持我在下一个财年的加薪申请？"或者说："我理解目前有诸多限制。但如果我继续表现出色，您是否愿意在未来支持我的加薪请求？"

"话"外之计

持续争取诉求

薪酬对话往往会带来很多强烈的情绪反应。例如担心你的诉求会被拒绝，顾虑别人对你的看法，或者对自己提出的薪酬数字缺乏信心。但你越是敢于直面这种不适，就越能降低自己的恐惧。[8] 你的大脑会逐渐意识到，不就是谈钱吗，根本没有必要惊慌（这被称为"习惯化"），因为完全能够应对它。在接下来的一两周内，试着找一些低压力的场合来练习讨论金钱问题。可以向网络或手机运营商争取账单优惠，在跳蚤市场上讨价还价，或者和伴侣每月开一次家庭支出复盘会。你练习得越多，就越能轻松自然地谈论金钱，你的自信也会随之提升。

另一种增加对话经验的方式是帮别人争取权益，[9] 例如为你的团队争取更好的设备，为某个项目争取更多的预算，或者为下属争取加薪或奖金等。和以前一样，这里的关键在于将你的诉求与上司的目标和优先事项对齐。例如，如果上司现在最关心的是节省预算，那你就不能跟他说"我们需要更多人手来应对繁忙的工作"，相反，你应该说："我们可以雇用两名起薪较低的初级造型师，并通过培训来逐步提升他们的技能，这是一种更明智的长期投资。"可以通过使用"我愿意灵活处理"或者"我也乐意考虑其他方案"等措辞明确表明你并不想欺骗或利用你的上司或公司，这些话能展现出你愿意妥协且在必要时会调整立场的态度。

远程谈判技巧

虚拟办公已成常态，这意味着你经常需要以数字方式进行薪酬对话。这未必会让你处于劣势，但确实需要你更加注意肢体语言的细节。瓦妮莎·范·爱德华兹是《线索》一书的作者，人类行为科学实验室的首席研究员，她通过研究发现，大脑对手势的关注度是语言的 12.5 倍。[10] 例如，简单地以 45 度角向上倾斜手掌就能传递出坦诚和开放的信号，这仿佛在说："看，我没有什么可隐瞒的！"

除了营造透明感、缓解薪酬对话时的紧张气氛，研究还发现，手势还能帮助你更好地记住自己要说的话。[11] 但瓦妮莎也建议大家要保持适当的"手势框"[12]："适当的手势范围是指从胸部上方到腰部下方。如果超出这个框框，反而会让人觉得你缺乏控制力，而且会让人分心。"你应该坐在离屏幕一个手臂距离的位置，以便有足够空间进行自然的手部动作。

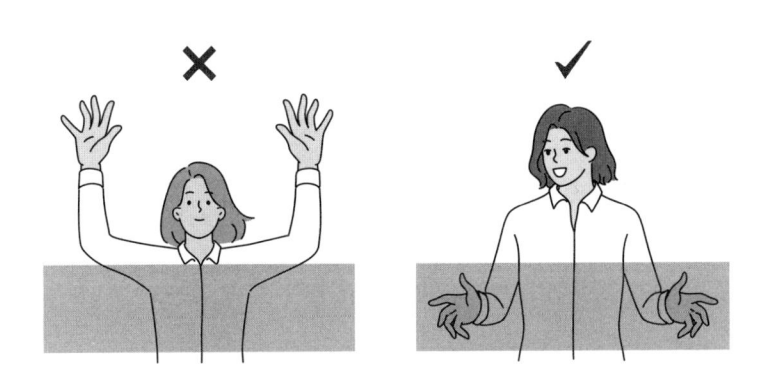

同时要避免各种"自我碰触动作"，比如拨弄头发或首饰、拉扯衣领以及揉搓额头等。这些行为都会让你显得准备不足或缺乏自信。[13] 还有一个重要提示：如果可能，关闭视频软件中的自我视图功能。盯着视频中的自己会产生"持续镜像"效应，不仅会分散注意力、令人感到疲惫，而且还会加剧自我的不适和紧张。[14]

随机应变

如果你遭遇歧视

薪酬歧视有多种表现形式,比如说出像"你拿的薪水还不够多吗?"这样的言论,又或者,同事的资历只有你的一半,上司却给他的团队分配了双倍于你的资源。无论你是受影响的当事人还是别人的盟友,你都可以尝试采取以下几种初步行动:

- **重问题而非主观感受**。这个技巧我是从《绝对坦率》的作者金·斯科特那里学到的。[15] 不要说"我觉得我的薪酬不够",而要说"同样的工作却获得不同的报酬,这似乎不太合理";不要说"我觉得你们付给男性员工的工资更高",而要说"看起来男性同事的薪资更高"。将焦点从我转移到需要解决的问题上会更有说服力。
- **让隐形的东西显性化**。要求公司对薪酬的确定流程和分配标准保持透明,比如,你可以说:"我在哪里可以找到关于薪酬计算标准的详细信息?""我们是如何决定哪些项目能获得资金支持的?"
- **委婉或直接指明问题**。一位亚裔女性投资组合经理是这么做的:"我让我的下属成功得到了和男性同事相同的薪酬,因为我提出,只要求她承担更多工作却不支付她额外报酬，会明显加剧薪酬的性别不平等。"你甚至可以建议进行一次全团队或全公司的薪酬审计，以确保公平性和竞争力："在收集了不同团队成员的意见后，我们发现存在薪酬不一致的情况。我知道其他公司会聘请外部机构来确保薪酬公平，我们可以考虑这样做吗？"

- **留下记录并保存证据**。记录任何表现出歧视的对话，并对短信、邮件或工作平台上的聊天记录进行截图。以书面形式向人力资源部门表达你的担忧，这样就有了公司和你都知道你上司行为的证据。你还可以要求一位中立的第三方（比如人力资源代表或其他主管）参与今后任何涉及关键薪酬问题的对话。

- **充分了解自己的权益**。通过分享文章、与同事交谈以及参与有关薪酬平等的活动，为每个人发声。熟悉美国平等就业机会委员会的法律、你所在州的法律指南，以及任何相关的具体公司政策。了解你的公司是否有匿名举报热线、员工资源小组，或其他可以支持你的多元化和包容性的资源。

如果你收到了另外的工作邀请

也许你出去面试只是为了看看市场情况，保持自己的竞争力；也许是一个工作机会主动找上了你，无论如何，现在你手里有了一个别家公司给出的工作机会，而且薪资很有吸引力。但你其实更想留在现在的公司，当然前提是能获得更好的待遇。如何巧妙地利用这个外部工作邀请来争取加薪，又能不让上司觉得你是在威胁他或是对公司不忠诚？

- **权衡信息风险。** 研究表明，当人们手握外部工作机会时，他们的加薪请求会被认为更加合理，更有依据。[16] 但这也很容易破坏你在公司的人际关系。你的上司和其他高层不仅会有一种遭到突袭的感觉，还会怀疑你对公司的忠诚度。只有在以下一种或多种情况成立时，你才应该提及你已拿到了其他工作机会：你真心愿意接受公司给出的留任条件，并选择留下来继续工作；你与上司有着良好的关系；你不担心遭到报复；在你所处的行业中（如高等教育、工程或咨询等），这种做法非常普遍。
- **要求匹配薪资。** 如果你决定将外部工作机会作为谈判筹码，那就要强调你对公司的忠诚度和想留任的意愿，比如，你可以说："我收到了另一家公司给出的工作机会，薪资比我现在高出20%。我真的很喜欢在这里工作，也无意离开，所以想看看公司能否提供一个匹配的薪资。"保持积极的语气，既要展现你的通情达理，又让对方知道你非常清楚自己的价值。
- **考虑留任条件。** 不要只看薪资，还要考虑福利是否有变化、职责是否有调整以及头衔是否有变动。公司给出的留任条件与外部工作机会相比如何？如果低于预期，但仍在你可接受的范围内，那你可以尝试和公司进一步谈判，比如，你可以说："我很期待继续与公司共同成长。如果能调整奖金结构，使我的总薪酬与市场水平一致，我就愿意留下来。"

- **做好离开准备**。你的上司可能会当场拒绝你（比如会说："那你为什么不接受那个工作机会呢？"），或者你可能会发现他们无法给你一个匹配的薪资。如果是这样，你就要做好接受外部工作机会的准备，否则你的谈判架势就会被认为是虚张声势。一旦让别人知道你在关键时刻出现了退缩，那你未来不仅会丧失薪酬对话的筹码，还会失去在其他所有事务上的话语权。此外，即使你选择留下，别人也会觉得你已经"一只脚踏出了门外"，一有机会还是会走，从而导致你在公司被边缘化。

- **谨慎使用筹码**。在任何组织中，利用外部工作机会争取加薪的做法都只有一两次的成功可能性，绝不会更多。管理层不太可能总惯着一个频繁使用该招数的人。所以一定要谨慎行事，最好是在薪酬差距确实很大的时候才使用这个策略。

面对加薪请求被拒的局面，你一直表现出耐心和理解。虽然没有获得加薪，但你依然在全力以赴地工作，甚至还主动发起了新项目。你甚至拒绝了其他公司伸出的橄榄枝，因为你确信公司高层最终会兑现承诺,结果却发现,到了季末或年终时,他们又一次放了你的鸽子。如果你已经多次进行过薪酬对话(或本书中提到的任何其他对话)却始终毫无效果,那么可能是时候考虑离开了。有时候,跳槽才是跃升到更高薪资级别的唯一方法。所以在下一章中,我们将讨论如何进行离职对话。

第 10 章　离职对话

体面道别，不断后路

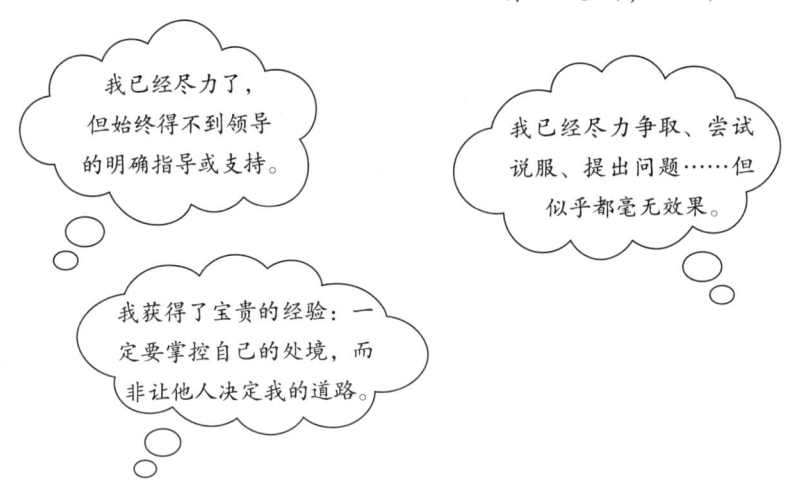

> 我已经尽力了，但始终得不到领导的明确指导或支持。

> 我已经尽力争取、尝试说服、提出问题……但似乎都毫无效果。

> 我获得了宝贵的经验：一定要掌控自己的处境，而非让他人决定我的道路。

还记得我在第 1 章提到的我被裁的故事吗？虽然我花了数年时间才重拾自信，但我并不后悔有这段遭遇。那次经历不仅推动了我教练事业的发展，也迫使我重新思考自己在职场上的做事方式。这些领悟为我和我的客户带来了巨大回报，而多年以后，我也有机会经历了人生的一个完整循环：当初那家医疗公司（我们暂且称之为 A 公司）的一些前同事，如今竟然纷纷来找我咨询关于职业发展的建议。

比如总监杰德，她在 A 公司被一家大型保险公司收购后参加了我的一个培训项目。在过去十年间，杰德经历了多次职业发展的转变，从研究经理到临床教育主管，再到信息技术基础设施扩建项目经理，最后转战商业数据分析领域。

杰德现在向亚历克西汇报，这位来自保险业务线的领导与她惺惺相惜。经过几个月对新环境的适应和摸索，杰德觉得自己已经准备好跟领导谈晋升的事了。她告诉我："我迫不及待想更好地发挥我的能力。商业分析一开始还挺有趣的，但天天处理运营和技术堆栈实在是太乏味了。"她向亚历克西提交了一份转型方案，建议公司能够允许她充分利用过往经验，设立一个创新管理者的角色。她提议公司应积极研究病患护理的新趋势，开拓既能降低成本又能创造新收入的新领域。

"想法不错，"亚历克西回应说，"但我觉得公司目前没有这方面的意愿。"

杰德感到很沮丧。在 A 公司时，她总能自主开辟道路，但如今却处处受限。她告诫自己一定要保持耐心，因为亚历克西的回应并非针对个人。毕竟合并刚刚完成，以后的情况肯定会慢慢好转。在接下来的 6 个月里，杰德尝试通过各种方法来积极表现，她希望借此赢得新同事的信任和认可，并最终有机会发挥她在创造力和灵活性方面的特长。"可每次请缨，领导都跟我说时机不成熟。主动要求承担更多工作竟然也被拒绝，这简直难以置信！"

一年过去了，这种情况没有任何改观。一次会议上，当她提议的一个新项目再度遭到否决后，亚历克西把她叫到了一边。

"我非常希望把你留在这儿",他坦言道,"但你必须离开。你应该去一个重视你才华的地方,而不是在这里处处碰壁。"

想到要离开,杰德感到既悲伤又恐惧,尤其是因为她从未经历过辞职时的那种尴尬场面。但在权衡取舍之时,她发现自己对未来新生活的憧憬让她充满兴奋和期待。是时候进行离职对话了,她需要以一种不失体面且不伤和气的方式离开。

以一种炸场的方式离职,比如当众责骂领导或同事,这听起来可能很过瘾,但正如你永远不会有第二次机会给人留下第一印象,你也没有第二次机会去留下一个最后印象。根据心理学中的峰终效应[1],人们对一段经历的记忆很大程度上会受到其结束方式的影响,离职的方式往往和你在任期内的表现同样重要,因为它会影响公司或领导对你的评价。你想让别人记得你是那个清晰制订交接计划、坚持站好最后一班岗,而且临别也不忘向大家致谢的人,还是想给人留下一旦递交辞呈就消极敷衍的印象?

你可能会想:"反正我都要走了,为什么还要做什么向上管理啊?"但实际上,大多数的离职对话并不是什么"永别",而更像一种"后会有期"。数据显示,超过 70% 的打工人有通过人脉网络获得工作机会的经历,而这些人脉往往都是他们的前领导和同事。[2] 无论是今后需要推荐信、寻求合作机会,还是有求于前公司的同事,你的离职处理方式都将直接影响他人是否愿意为你提供背书或开启新机遇。像科技和金融这样的行业,通常"圈子"都很小,你创业公司的前老板,很可能成为你未来心仪巨头企业的高管,而从前在投行的老同事,未来说不定还会以客户、竞争对手甚至监管者的身份再次出现。更何况,你也不知道自己哪天会不会"吃回头草",但有数据显示,有近30%的离职者会在13个月内重返原岗位。[3]

无论是和风细雨还是剑拔弩张,我都希望你能够以一种问心无愧的姿态离开岗位,而这也正是我写作本章内容的目的。

去还是留?

最佳职业决策都需要兼顾理性与感性。事实上,将直觉与分析思维结合,比单纯依赖理智更能帮助你做出更好、更快、更准确的决策,并增强你对自己选择的信心,尤其是在没有"标准答案"的情况下。[4] 例如,如果你在一份稳定的工作和看似有风险的新机会之间犹豫不决,那么关于哪种选择能带来更长久的幸福,你就应该更相信自己的直觉。面对两个薪资相近但公司文化截然不同的工作机会,你的最终选择可能取决于你内心更认同哪一方。因此,不妨试着用以下方法来验证你的离职决定是否正确。

尝试角色扮演

在一家公共政策智库工作了三年的雷吉,收到了一家企业公关公司研究总监职位的要约，这家公司经常在其项目中引用他的研究成果。从表面上看，留任和离开各有利弊，于是我让他做个实验。先花三天时间，假装自己选择了留在当前岗位并观察自己的反应。他在想什么？内心感觉如何？然后，再用三天时间，假装自己离开现有职位并投身于咨询行业。一周后，雷吉心中便有了明确答案。当他设想自己留下来时，他感到心情沉重，仿佛头顶上始终飘着一片乌云。而当他想到离开时，他的脑海中就充满了各种想法，连和人说话都变得更加热情活跃。通过模拟不同结果，你可以更清楚地知道自己真正想要什么。你也可以用抛硬币的方式来测试自己的真实感受。如果硬币正面代表辞职，你是感到快乐和解脱，还是担忧和抗拒？

设想未来自我

想象你已经 90 岁了，正在回顾你人生中的此时此刻。什么样的决定会让你感到自豪？面对艰难或令人畏惧的职业抉择时，想象自己已经年老发白，正在向孙辈们讲述你的人生故事。在这样的回顾中，如果你选择了正在考虑的职业选择，你是会更后悔走了这条路，还是会更后悔没做这个选择？

如果你很难想象未来的自己，不妨换个角度，想一想你心中的英雄人物会怎么做。想想那些你尊敬的人，比如同事、公众人物、导师或家人。如果处在你的位置上，他们会怎么做？这种方法能够为你提供新的思考视角，并引导你做出更清晰的决策。它还可以让你跳出自己的思维框架，让你有足够的距离去客观地看待自己的选择。

预想最坏状况

针对每一个选项，预想其最糟糕的可能状况并设计应对方案。举个例子，如果你的工作地点需要从美国的西海岸搬到东海岸，那么最坏的情况可能包括：你无法忍受那里的寒冷天气；托儿所入学难，搞得你心烦意乱；抛下伴侣独守空房，更是让你深感抱歉。那你该怎么办？我敢说你肯定能想出相应的解决方案，比如可以去温暖的地方度个假，定期和家人视频通话，或者加入家长群寻找育儿伙伴，共享育儿经验。

然后，反过来，再想想最理想的状况会是什么样子。万一你会喜欢上从小镇到大都市的节奏转变呢？万一你的家人都找到了让自己感到充实的新爱好呢？直面自己的恐惧（心理学上称为"防御性悲观主义"[5]）会让你感到更加有掌控感，更能应对挑战，而调动你乐观的一面则会让你更安心地做出选择。[6]

优雅告别，不出恶言

你主意已定：是该离开这家公司了！那么，如何在离职时既保持优雅又不破坏人际关系？怎样才能避免撕破脸？

提前做好防备

即使你已经在公司工作了很长时间，并且与上司关系融洽，也难免遇到被要求立即卷铺盖走人的情况。请记住，此时你要做的第一件事，就是备份所有属于你的文档、项目和联系信息，尤其是那些存储在工作电脑或手机上的内容。另外，千万不要带走公司的专有或敏感信息，以免引发法律纠纷。

假设你一直如本书所讲的那样，有着记录个人工作成就的习惯，那么趁你还能访问准确的销售数据、分析报告或预算表时，抓紧更新你的各项关键成果和作品集。对于像网站设计或社交媒体活动这样的数字化工作，要记得截图，并标注上这些项目的具体内容和你在其中扮演的角色。一定要趁你还记得清楚的时候做这件事，以免将来需要完善简历或领英个人资料时毫无头绪，想不起来这些细节。到时候你就知道这么做有多明智了！另外，别忘了把过往的绩效评估报告也保存下来，以备不时之需。

无论如何，在告诉上司之前，千万别把离职的消息告诉同事。虽然你可能很想把消息分享给和你关系好的同事，但如果走漏了风声，其他人可能会感觉不舒服，比如有的人会想："为什么XXX比我先知道这件事？"更糟糕的是，这可能被视为缺乏职业礼仪或不尊重你的上司，甚至可能导致你被提前解雇。如果你先和上司沟通（我们下一步会讲具体怎么做），你就能更好地掌控离职的时间安排和对外的说辞。坚持工作到预定的离职日期，也意味着你在此期间仍然能领取薪水和享受福利（如医疗保险），这在你尚未找到下家时尤为重要。此外，比起被迫辞职，一场友好而体面的离职在未来面试中也更容易解释。

提出正式辞呈

现在来到最难的部分。在常规例会之外专门安排一次与上司的面对面沟通，正式递交你的辞呈。面对面沟通是最理想的，当然，视频会议也可以接受。用电话或邮件告知对方则会让你显得冷漠且怯懦。比如，你可以说："您X月X日有时间吗？我有一些重要的事情要和您聊一下，我觉得最好能当面谈。"

上司可能从一开始就有所察觉，因此你也要开门见山，比如，你可以说："我决定离开了。我的最后工作日将是3月24日。""这不是一个轻松的决定，但我将立即辞去消费品部门负责人职务。"提前演练你的说辞，并准备好应对"你为什么要离职？"这样的提问。即使因工作环境恶劣离职，此刻也非反馈问题的时机。你说的话可能会传到新雇主的耳中，负面情绪也不利于让你获得上司的积极评价。你的回答应该着眼未来，聚焦你个人的成长发展。不要道歉，不要过度解释，更不要过多谈论你新工作的具体内容和你的待遇。以下是一些提出辞呈的话术：

- 很荣幸能与这样一支敬业又才华横溢的团队共事，现在我准备迎接新的挑战。
- 我非常感激在这里得到的各种机会，但我已决定去追求一个更契合我个人专长和兴趣的职位。
- 最近我对 X 领域产生了浓厚兴趣，我获得了一个在该领域的理想工作机会，我觉得现在是做出转变的最佳时机。
- 我在这里学习到了很多，也经历了很多，对此我非常感激。接下来我会休息一段时间，陪陪家人，也让自己恢复一下。
- 我认真思考了自己最适合什么样的工作环境和氛围，也意识到我想尝试一些新的可能性。这完全是出于我个人喜好和对未来发展的考量。

你的上司可能会感到震惊，特别是在他们事先没有任何预料的情况下；也可能会感到难过或失望，因为他们非常认可你的工作表现；又可能感到沮丧，因为你在一个繁忙时期或项目的关键期选择离开。保持冷静，重申你的决定，并将对话引导至未来安排上："我知道现在的时间点可能并不理想，我会尽一切努力避免产生不必要的干扰。""我理解这个消息可能让你感到突然甚至难以接受，但这是我经过认真思考后的决定，我已经准备好迎接新挑战。因此，我希望接下来我们能够把重点放在如何顺利交接上。"

活学活用

和上司面谈之后,可立即使用如下模板,通过电子邮件进行正式确认,并以书面形式提交辞呈。

主题:XX 的辞职信

尊敬的 XX 领导:

感谢您今天与我沟通。我非常珍惜在公司度过的这 X 年。我想正式通知您,我在 X 公司的最后工作日为 X 年 X 月 X 日。

在这里工作期间,我收获了宝贵的技能、经验和人脉。感激您给予我机会,不仅让我在 X 方面得到了锻炼,更让我成长为一名 X 领域的专业人士,并为公司做出应有的贡献。

在离职前,我会尽可能完成手头所有项目。正如我们沟通时提到的,我很乐意协助接任者做好工作交接。

祝一切顺利。

XX

回应留任条件

当你提出离职后,你的上司或其他人可能会抛出加薪或额外福利等条件挽留你。这种留任条件有可能会在你提出离职时即刻提出,也可能会在上司与人力资源部门及高层协商后的几天或一周后提出。但无论如何,你不要指望它会成为改变局势的关键因素。

即便这些条件根本无法让你动摇,你也不要急着回应,而是要保持淡定,并为自己争取时间。你可以说:"我需要时间认真考虑您提出的条件,评估所有选项。能否容我思考一下,几天后再做最终答复?"这么做主要是为了塑造你的职场人设,因为这既能表现出你对领导和公司的尊重以及对其挽留诚意的认可,同时也为自己打造一种深思熟虑、细致周到、审慎考量的专业形象。

如果你经过深思熟虑后仍然决定离开,那就一定要明确重申你的立场:"感谢您提出为我调整头衔,但我已做出决定。""很感激您提出的这些挽留条件,但我不会改变离职的决定。"如果上司表现出恼怒情绪或防御姿态(例如:"你知道我争取这些条件有多不容易吗?"),你要尽力缓和气氛。你可以说:"我理解并尊重您的感受,但我相信这是目前对我来说最好的决定。我知道我的离职会给团队带来一些影响,所以为了确保工作的无缝衔接,我已准备好交接计划并很愿意为继任者提供指导和帮助。"

如果公司提出的挽留条件极其诱人（虽罕见但也不乏先例），或者你希望骑驴找马，带薪物色新下家，那么可以这么回应："这次薪资调整确实解决了我的一个很大的顾虑。我同时也希望能有更多的职业发展机会，以及在工作和生活上的平衡。如果我们能在这些方面也找到解决方案，我肯定会重新考虑。"如果你最终接受挽留，务必要明确各项条件的生效时间表，并且一定要把这些条件都落实成书面文件，因为只有这样你才能清楚地知道这里面是否还有额外的目标要求或限制条件。同时保存所有往来邮件、备忘录及会议记录，以便在出现误解或需要上报问题时有据可查。

妥善进行交接

虽然在美国和大多数国家，至少提前两周提出离职是标准做法，不过你可以根据具体情况、任职时间长短以及当地法律，选择更长或更短的离职通知期限。我通常不建议提前两到三个月提出离职，因为这通常会让事情变得混乱，对双方都不利。以城市儿童福利机构社工米歇尔的遭遇为例，早在1月初，米歇尔就告诉她的上司自己将离职转向私人执业，她希望在6月底前完成所有工作。米歇尔的上司很感激她的提前告知，于是在几周内开始让其他团队成员接手米歇尔的部分客户工作。但过早的交接反而导致了混乱。新接手的同事不确定是应该向米歇尔还是她的上级请示，结果导致了很多不必要的麻烦。随着米歇尔逐渐被排除在关键会议和重要沟通之外，她开始感到边缘化，并陷入了一种非常尴尬的无所适从的状态。不断累积的紧张气氛最终导致米歇尔的上司在 5 月底前就提前解除了和她的合同，这远早于她原计划的离职时间。

如果在没有妥善做好交接的情况下就匆匆离职，你可能会留下一堆烂摊子。制订交接计划意味着你不仅关心自己的前途，也关注你身后团队和项目的延续性。你的同事未必会愿意接手你的工作，但会尊重你为减轻他们负担所做的努力。

最起码你应该列出你所有的日常任务、每周的固定职责和任何其他定期执行的任务。不要忽略那些看似常规但实际上对运营至关重要的工作（如检查办公用品库存、定期进行软件备份、处理发票等）。对于规模更大、更加复杂的项目，要注明其当前进度（是刚开始规划、进行中还是接近完成），并列出截止日期或关键节点。如果时间允许且你也有意愿，你还可以用文档或视频对各项任务或责任进行更为详细的拆解。

知识转移同样至关重要。你可以向大家分享你整理的内外部联系人名单，把利益相关者、客户、供应商和团队成员的信息都放进去。以安全方式整理并移交你所管理系统、工具或资源的必要登录权限。你甚至可以设想接任者会面临哪些潜在问题或挑战，并以常见问题解答（FAQ）的形式提供答案或解决方案。你还可以加入一些你在工作中积累的内部经验，例如提升流程效率的方法以及客户的个人偏好等。

"话"外之计

制定沟通策略

与上司沟通完离职意向后,你需要明确哪些人需要知晓哪些信息以及何时知晓,同时要确保这些安排同人力资源部门的公告或程序要求相协调。举个例子,蒂娜是凯尔团队中的一名动态图形设计师,她在影片制作中途提出离职。为了避免在团队内出现"离职传染效应"[7],引发关于内部矛盾或动荡的猜测,凯尔与蒂娜共同拟订了一份声明,明确表示蒂娜接下来将出任视觉特效总监这一更高职位。在和上级主管汇报了相关情况之后,凯尔当天下午便与蒂娜一同与其会面。随后,他们确定了如何、何时以及以何种顺序通知不同的利益相关方。他们首先通知了那些"必须知情"人员,这包括让蒂娜与其直属下属进行面对面沟通,以及向受影响最大的相邻美术部门群发告知邮件。在最后两周的工作中,蒂娜很庆幸她和凯尔共同准备了很多他可以反复使用的沟通话术。她甚至还抽时间推荐了一位同事来接替自己的职位,而此举也得到了凯尔的赞赏。

正如凯尔和蒂娜的例子所展示的,在离职沟通过程中,关系密切的同事及直属团队成员通常享有优先知情权,其次则是其他部门及业务单位的联系人。一般而言,为确保信息口径统一,在通知外部客户或合作伙伴前,你应当首先将离职的消息告诉内部利益相关方。但如果你与某位客户建立了特别紧密的职业关系，而且你的离职会直接影响他们当前的项目或合约，那么在告知上司及直属团队后，你理应尽快让客户也知道你的去留动向，尤其是当对方需要根据你的参与度做出关键业务决策时。

转移或拒绝新工作请求

一旦完成了离职谈话，你就不需要再假装全身心投入，但也不应彻底置身事外。即使在最后几天，同事仍可能向你提出新的工作请求。此时，与其抱着"赶紧完事儿"的心态接受这些新任务，你倒不如教他们怎么自己完成，或者像第5章"反馈对话"中讲的那样，引导他们一步步掌握流程。这不仅能设定工作边界，还能够促使同事掌握主动权和提升独立性，这也是你离开后他们必须具备的能力。有时候你可能需要直接拒绝某些请求：

- 我快要离职了，这个任务我没办法再接手。
- 我不得不拒绝你，因为我没办法留到项目完成。
- 谢谢你想到我，不过我现在得专注于把手头的事情完成，所以没办法接这个任务了。

请记住，不要随意承诺在离职后仍会无条件地提供咨询或帮助。偶尔回答一两个问题是可以的，但要设定一个截止日期

（比如离职后的四周内），之后将不再做任何回应。如果仍然有人继续提问，你就需要通过发送最终声明的方式告诉对方，为了专注于新的工作，你将不再回复这些询问，并向他们致以诚挚的祝福。

随机应变

如果你被要求进行离职面谈

离职面谈是大多数员工离职流程中的标准环节，其目的是为雇主提供信息，帮助他们解决员工流失以及整体效率等问题。畅所欲言地表达意见，并意识到你的反馈可能会带来积极的改变，这种感觉确实令人欣慰。但请注意，你在面谈中所说的话有可能影响你未来的工作背景调查，因此要谨慎措辞。以下是一些从战略角度应对离职面谈的方法：

- **三思而后行。**你完全可以拒绝参加离职面谈，特别是在你因为工作交接而情绪不稳定或承受过大压力时。在决定是否参与前，请咨询人力资源部门或你的上司，你提供的信息将如何被使用、谁会接触到这些信息，以及公司打算如何根据你的意见落实改进措施。要求公司确保你的反馈会被匿名处理或保密，以防遭到报复。公司需说明如何向管理层汇报调查结果并制订改进计划。你还可以要求公司举例说明他们以往根据离职面谈反馈做出过哪些具体的改进。

- **系统梳理思路**。通常情况下，离职面谈都是由人力资源部门主导的，但在某些情况下，你的上司或其他团队的领导也可能参与。要准备好回答以下问题：是什么促使你寻找其他工作机会的？在本公司工作期间，哪些因素有助于你成功完成任务，哪些因素对你构成阻碍？你对新员工入职培训有什么建议？你对前同事和上司有什么看法？这份工作中最好和最差的部分分别是什么？

- **预先宣泄情绪**。把所有的不满都以书面方式宣泄出来，以便你能充分释放自己的愤怒、怨恨以及沮丧。然后将你的回答静置一晚。待情绪平复之后，再以冷静理智的态度审阅你之前写下的内容，并针对上面提到的几个问题，整理出三四个条理清晰、表达得体的回答要点。为了帮助公司改进，对于你提出的每一项批评，你都要尽量为其找到潜在的解决方案或建议。

- **保持积极基调**。在实际的离职面谈中，每次发表意见时，你都应当先从积极的角度谈起，然后顺势提出你的建议。比如，你可以说："大家都很热情，如果能提供更系统的入职培训，新员工可以更快进入状态。""我从与客户合作中学到了很多，但我希望能接受一些关于如何处理合同纠纷的培训。我在这方面遇到过困难，也没能从上司那里得到足够的支持。"

- **采取模糊表述**。如果反馈令你感觉到不安全或者不自在，可以采取模糊策略，但仍要保持友好和专业的语气，以免让人觉得你过于冷漠或敷衍。例如，如果对方问你为什么要离职，你可以说："我在其他地方找到了一个更符合我职业规划的好机会。"如果对方问你会不会推荐其他人来这里工作，你可以说："对喜欢挑战和热衷变化的人来说，这里是个很不错的选择。"

如果离职过程不太愉快

即使你在离职时已尽力保持体面与配合，你的上司仍可能对你心生怨恨。这种反应或许有点幼稚，但有时候确实难以避免。虽然无法控制对方的反应，但你可以通过以下方式做到坦然离开，无愧于心：

- **适度表达感激之情**。在你结束工作一两天前发送一封告别邮件，可算作一种缓和与上司关系的温和方式，但注意保持适度，别做得太过火。如果你们的关系一贯紧张，就要避免使用过分热情、高度情绪化或过度赞美的语言，那样容易显得不真诚。（比如，"我无法表达与您共事有多么愉快，我会永远珍惜这段经历"这样的话就不太合适）。你可以采用更真实、克制的表达方式，例如："感谢您在 X 公司给予的支持和领导。参与 Y 项目对我的职业成长特别有帮助。我在这里学到了很多技能，我会将其持续应用到未来的岗位之中。"

- **寻找其他推荐资源**。无论你是准备裸辞还是已经找到了新工作，都应确保在离职时，公司里有人愿意帮你推荐或为你背书。如果你与上司的关系紧张，他可能不会为你提供积极正面的推荐。因此，你需要找到其他能够在工作表现和个人品质方面予以你正面评价的同事、领导、主管或客户，并明确请求他们提供支持："我正打算开启职业生涯的下一个篇章，您是否愿意让我将您列为推荐人？"

- **主动塑造离职叙事**。你的上司可能会对同事或业内人士歪曲你离职的原因或过程，不管有意无意，这都可能会影响你的职业声誉。你要充分利用社交媒体的影响力，通过分享你从上一份工作中学到的专业技能和宝贵经验以及对新机会的期待，让离职看起来并不像是一次负气出走，而是一段职业发展之路的自然延续。同时，你也可以在领英上为合作愉快的前同事撰写推荐，这不仅能为你赢得好感，同时也是一种展现你职业素养和合作精神的好方式。

- **创造心理上的终结感**。所有人都有对认知闭合的自然渴望，[8]也就是说，我们都希望事情有一个明确的结果。这也是为什么当你没有等到上司的道歉或一个能好好说清楚的机会时，你会耿耿于怀，心存不安。试着通过一些具体的行动来为自己创造心理上的终结感，比如你可以整理归档工作文件，扔掉公司的纪念品，或者销毁无用的资料等。这些具象的行动能为你带来切实的完成感，并帮你放下过往，以自信平和的心态走向人生的新阶段。

- **正面解释离职原因**。在面试中，不要说"我和我的上司有些矛盾"或"我不喜欢公司的文化"。把离职描述为一种积极主动的职业选择，而非为了逃离糟糕的环境。比如，你可以说："在上一个岗位工作了 4 年之后，我准备换个新的环境。""我很珍惜在原公司的时光，但也觉得是时候拓展新技能了。""随着我在 X 领域的专业精进，我意识到贵公司能够为我提供更完美的成长机会。"

本书所介绍的 10 次对话，都绝非一劳永逸的交谈。随着你经历不同职业阶段并遇到各种变化，比如开始一份新工作、适应架构调整、加入新的团队，你会发现自己需要反复回到本书所介绍的各种对话之中。换了新上司？那你就该重温对齐对话和风格对话，以便尽快适应。获得了晋升？随着你需要引起更高层决策者的关注，可见度对话的重要性也会再一次显现。在每个阶段，你都是在已有的基础上持续精进，不仅会更加了解职场关系的微妙之处，也能游刃有余地掌控职业发展方向。学习永无止境，这将是一个持续进行的过程，而且说实话，这正是这段旅程中最令人兴奋的部分。

结语　将知识付诸实践

你的工作状态绝不应该只是"凑合"。你应当成为自己职业生涯的掌舵者，在与上司互动时展现自信、获得尊重并保持从容。向上管理一开始可能并非易事，特别是当你长期在一位沟通风格截然不同的上司手下工作时。或许他们和你的一些同事关系更为紧密，而对你则反应冷淡。在这种情况下，你可能会感到沮丧，甚至怀疑是不是自己做错了什么。若你早已习惯将自己视为职业发展中的过客，一直随波逐流，那么，重拾对职业的掌控感确实需要时间。但通过对本书的阅读，你现在掌握了与上司有效沟通和争取诉求的方法。

如果不知从哪里开始，就从小事做起吧。在下一次的面对面沟通中尝试深入提问，或是与你敬重的同事分享自己的成功喜悦。要持续推动自己去进行至关重要的对话，勇于冒险尝试新事物，并勇敢坚定地为自己和他人争取权益。

这些年来，我遇到过无数才华横溢、富有创意并极具战略思维的职场人士，他们来自各行各业，覆盖不同层级。虽然他们都能力出众，却常常因不谙向上管理之道而在无形之中遭遇瓶颈。有些人不小心逾越了职场中的隐形权力规则，在不恰当的时机向不合适的对象提出建议；有些人在高层面前滔滔不绝却无法切中要害，痛失表现自己的良机；还有人将对上司的微小不满积累成了致命的隐患，或因不懂拒绝而导致身心俱疲；还有许多人在申请加薪被拒后，满怀沮丧地找我倾诉，而这仅仅是因为他们没能充分地向上司证明自身的价值。这无关你的智商，也无关于你的资历，事实上，如果你没有掌握向上管理这门精妙的艺术，你会很容易陷入无谓的压力之中，感到窒息、愤怒，甚至产生深刻的自我怀疑。

本书所传授的所有技巧，都能够帮助你优雅从容地应对各种职场复杂关系，而且这既不需要你去颠覆别人，也不需要改变你自己。正如你所发现的，一点微小的调整就能产生非比寻常的影响力。哪怕是"及早表达个人意愿"这样一个看似不起眼的举动，也可能决定你是会遇到阻力，还是能够顺利获得应有的晋升。在给上司反馈之后适度地予以引导，可能正是让其形成新行为习惯并减少你日常烦恼的关键；适时运用社会认同，就能让你从一个默默无闻的角色变成高层管理者信赖的对象。

在实践向上管理的过程中，请记住，成功与挫折都会不期而至，而这两者都将成为你宝贵的学习经历。只要持之以恒，这些对话会逐渐变得自然而轻松。随着时间的推移，你不仅会更加擅长向上管理，还会在这一过程中更加明确自己的价值坐标、职业愿景以及优势。持续回顾本书的内容，不断优化你的方法，精进你的技能。

在本书接近尾声时，我希望你已经意识到，这本书的目的不仅是帮助你改善与上司或高层管理者的互动方式，更重要的是重塑你对自我的认知。你无须再被动地受制于他人的决定或情绪，而是拥有了掌控职场互动的能力。你可以引导他人以恰当的方式与你协作，对工作和生活实现前所未有的掌控。在这个过程中，你将培养出情商、韧性和自信，这些品质将成为你的终身财富，无论你的职业生涯走向何方，它们都将助你一臂之力。

我设计这10种对话框架，是为了帮助你重新掌握职业生活的节奏，同样，我也相信你会把从本书中所学到的内容分享给他人。试想你正在和感到无聊的年轻同事交流，与其只是倾听和表示同情，倒不如引导他们进行一场"责任对话"。又或者，假如你朋友抱怨他们的上司总是在更改优先事项，这时候你就可以给他们介绍一下关于"对齐对话"的内容。当你把自己学到的东西分享给别人时，你其实也是在致力于营造一个人人都能被倾听、受尊重，并且能够自在表达和争取自身诉求的职场环境。

从现在开始，让我成为你职业旅程中的伙伴吧！欢迎访问我的网站 melodywilding.com，与我分享你的收获及心得。感谢你让我有机会陪伴并指导你一路前行。愿你在未来的职业道路上披荆斩棘，收获成功！

致谢

首先,我必须感谢我亲爱的读者朋友,谢谢你愿意投入时间与精力阅读本书。我真心希望书中呈现的理念与策略能够给予你切实的帮助,为你带来真正的启迪。

感谢我在皇冠财经出版社的编辑莉娅·特鲁伯斯特。从第一天起,你就坚定地相信这本书充满价值。是你用睿智的见解将我散落的灵感一一汇集,并最终打磨成了今天这样一本书。对于你的出色指导、热情和合作精神,我感激不尽。我还要感谢保罗·惠特拉奇、吉莉安·布莱克、西亚拉·欣克森、艾米·李以及整个皇冠财经出版团队,没有你们的辛勤工作和支持,就不可能有这本书的最终面世。

感谢丽萨·迪莫娜,得益于你的再次鼎力相助,我才得以顺利应对出版过程中的种种细节与复杂事务。你的专业知识与始终如一的支持,让每一步都变得更加从容和无所畏惧。我很幸运有你做我的坚强后盾。

我要特别感激朱莉·莫索，她是这本书的结构编辑，也是我的写作拍档。这句话我已经说过多次：没有你，就不可能有这本书。我会怀念我们那些马拉松式的 Zoom 视频会议，我们那些一起推敲章节结构、梳理概念和修订内容的日子。但我更加感恩的是，这个过程让我收获了深厚的友谊。

我想对我的丈夫布莱恩说，你是我此生能够拥有的最特别的人。感谢你始终作为我的思维搭档和最早的读者，并在我最需要的时候，时而化身心理导师，时而成为鼓舞人心的啦啦队员，为我提供无微不至的支持。你独自承担起一切家务，为我创造了写作的空间，给予我完成这本书所需的全部支持。我会用全部的真心爱你。

我也感谢我的家人，在我写作本书的旅程中，以及我的整个职业生涯里，始终给予我坚定不移的鼓励与信任。爸爸妈妈，谢谢你们一直做我最忠实的支持者。你们对我能力的信任一直在激励着我，让我不断地追求更高目标。还有我的公婆，黛安娜和巴里，谢谢你们总是及时伸出援手，耐心帮助我和布莱恩化解各种难题，你们的慷慨和爱珍贵无比。

感谢在这段时间主动关心我、询问书稿进展并给予慷慨鼓励的朋友们。每一个看似微小的关心举动，都在我遇到挑战时激励和鼓舞着我。

感谢我那支精干而出色的团队：丽贝卡·瑞斯、莎拉·多伊格和莱利·林巴赫。你们的辛勤付出和坚定承诺，为我卸下了巨大的压力和思想负担，让我得以专注于本书的持续打磨。希瑟·沃尔特劳尔，谢谢你把我们家管理得井然有序，让我能够专心于写作这本书！

我由衷地感谢我的"内部读者团队"，你们阅读了早期文稿并提供了宝贵的反馈。你们的故事不仅影响了本书的整体构思，你们持续的建议也深刻塑造了本书的最终形态。感激每一位参与者。

最后，感谢我曾经以及现在的所有客户，感谢你们给予我担任教练的荣耀。能与如此聪慧、真诚且富有进取心的专业人士合作，我感到无比荣幸。能成为你们职业旅程的一部分，是我莫大的荣幸。你们的信任与投入让我的工作充满了意义和价值。

注释

引言

1 该数据来自 Workplace Intelligence 与甲骨文在 2021 年进行的一项研究。数据采集时间为 2021 年 7 月 27 日至 8 月 17 日，涵盖了来自 13 个国家、年龄范围为 22~74 岁的 14639 名全职员工、管理者、人力资源负责人和高管。要下载该报告，请访问：https://www.oracle.com/a/ocom/docs/h3hr-nurture-report.pdf。

2 这项针对我电子邮件订阅用户和社交媒体关注者进行的调查始于 2022 年 7 月 6 日。调查问卷包含了 6 个开放式问题，例如："你如何定义向上管理？""你在向上管理方面遇到的最大挑战是什么？"

第 1 章 对齐对话

1 K. Huang et al., "It Doesn't Hurt to Ask: Question- Asking Increases Liking," *Journal of Personality and Social Psychology* 113, no. 3 (2017): 430–52, https://psycnet.apa.org/doi/10.1037/pspi0000097.

2 J. T. Dillon, *Teaching and the Art of Questioning* (Bloomington,

IN: Phi Delta Kappa Educational Foundation,1983), 35.

3　想要了解更多关于克里斯·沃斯的谈判技巧，参见其著作：*Never Split the Difference: Negotiating as If Your Life Depended on It* (New York: HarperCollins, 2016)。

4　Harry Weger et al., "The Relative Effectiveness of Active Listening in Initial Interactions," *International Journal of Listening* 28, no. 1 (2014): 13–31, https://doi.org/10.1080/10904018.2013.813234.

5　Sarah Wilding et al., "The Question-Behaviour Effect: A Theoretical and Methodological Review and Meta-analysis," *European Review of Social Psychology* 27, no. 1 (2016): 196–230, https://www.tandfonline.com/doi/full/10.1080/10463283.2016.1245940.

第 2 章　风格对话

1　Mehrdad Sarhadi, "Comparing Communication Style Within Project Teams of Three Project-Oriented Organizations in Iran," *Procedia—Social and Behavioral Sciences* 226 (2016): 226–35, https://doi.org/10.1016/j.sbspro.2016.06.183.

2 Maxime Taquet et al., "Hedonism and the Choice of Everyday Activities," *PNAS* 113, no. 35 (2016): 9769–73, https://www.pnas.org/doi/pdf/10.1073/pnas.1519998113.

3 Nicole You Jeung Kim et al., "You Must Have a Preference: The Impact of No- Preference Communication on Joint Decision Making," *Journal of Marketing Research* 60, no. 1 (2023): 52–71, https://doi.org/10.1177/00222437221107593.

4 D. Davlembayeva and E. Alamanos, "Social Exchange Theory: A Review," in *TheoryHub Book*, ed. S. Papagiannidis, available at https://open.ncl.ac.uk/theoryhub- book/.

5 R. M. Miller, K. Sanchez, and L. D. Rosenblum, "Alignment to Visual Speech Information," *Attention, Perception, & Psychophysics* 72 (2010): 1614–25, https://doi.org/10.3758/APP.72.6.1614.

6 S. Kühn et al., "Why Do I Like You When You Behave Like Me? Neural Mechanisms Mediating Positive Consequences of

Observing Someone Being Imitated," *Social Neuroscience* 5, no. 4 (2010): 384–92, https://doi.org/10.1080/17470911003633750.

7　Leeron Hoory, "The State of Workplace Communication in 2024," Forbes Advisor, March 8, 2023, https://www.forbes.com/advisor/business/digital-communication- workplace/.

8　想要了解更多关于数字化肢体语言的信息，参见：Erica Dhawan, *Digital Body Language: How to Build Trust & Connection, No Matter the Distance* (New York: St. Martin's Press, 2021)。

9　Katherine W. Phillips, Katie A. Liljenquist, and Margaret A. Neale, "Is the Pain Worth the Gain? The Advantages and Liabilities of Agreeing with Socially Distinct Newcomers," *Personality and Social Psychology Bulletin* 35, no. 3 (2009): 336–50, https://doi.org/10.1177/0146167208328062.

第 3 章　责任对话

1　World Economic Forum, *Future of Jobs Report 2023*, May 2023, https://www3.weforum.org/docs/WEF_Future_of_Jobs_2023.pdf.

2　B. D. Steindórsdóttir, C. G. L. Nerstad, and K. Þ.Magnúsdóttir, "What Makes Employees Stay? Mastery Climate, Psychological Need Satisfaction and On-the-Job Embeddedness," *Nordic Psychology 73*, no. 1 (2021): 91–115, https://doi.org/10.1080/19012276.2020.1817770.

3　想要了解更多关于预先说服的信息，参见 Robert B. Cialdini, *Pre-Suasion: A Revolutionary Way to Influence and Persuade* (New York: Simon & Schuster, 2016). I also recommend Dr. Cialdini's first book, *Influence: The Psychology of Persuasion* (New York: Harper Business, 2006)。

4　Kai Sassenberg et al., "Priming Creativity as a Strategy to Increase Creative Performance by Facilitating the Activation and Use of Remote Associations," *Journal of Experimental Social Psychology* 68 (2017): 128–38, https://doi.org/10.1016/j.jesp.2016.06.010.

5　Arthur L. Beaman et al., "Fifteen Years of Foot-in-the-Door Research: A Meta-analysis," *Personality and Social Psychology Bulletin* 9, no. 2 (1983): 181–96, https://doi.org/10.1177/0146167283092002.

6　Ryan Buell, "Operational Transparency: Make Your Processes Visible to Customers and Your Customers Visible to Employees," *Harvard Business Review* 97, no. 4 (2019): 102–13, https://www.hbs.edu/faculty/Pages/item.aspx?num=55804.

7　A. de Berker et al., "Computations of Uncertainty Mediate Acute Stress Responses in Humans," *Nature Communications* 7 (2016), https://doi.org/10.1038/ncomms10996.

8　平面设计师保拉·谢尔在一段由艾伯森泰勒设计公司发布在Vimeio网站上的视频采访中，分享了她为花旗银行设计标识的故事。视频参见https://vimeo.com/291821523。

9　D. Stuart Conger and Dana Mullen, "Life Skills," *International Journal for the Advancement of Counselling* 4 (1981): 305–19, https://link.springer.com/article/10.1007/BF00118327.

10　Peter Flade, Jim Asplund, and Gwen Elliot, "Employees Who Use Their Strengths Outperform Those Who Don't," Gallup, October 8, 2015, https://www.gallup.com/workplace/236561/employees-strengths-outperform-don.aspx.

11　Alexander J. Simon et al., "Quantifying Attention Span Across the Lifespan," *Frontiers in Cognition* 2 (2023), https://doi.org/10.3389/fcogn.2023.1207428.

12　Ana Valenzuela and Priya Raghubir, "Position-Based Beliefs: The Center-Stage Effect," *Journal of Consumer Psychology* 19, no. 2 (2009): 185–96, https://doi.org/10.1016/j.jcps.2009.02.011.

13　Charlan J. Nemeth and Brendan Nemeth-Brown, "Better Than Individuals? The Potential Benefits of Dissent and Diversity for Group Creativity," in *Group Creativity: Innovation Through Collaboration*, ed. Paul B. Paulus and Bernard A. Nijstad (New York: Oxford University Press, 2003), 63–84.

14　Anne T. Coghlan, Hallie Preskill, and Tessie Tzavaras Castsambas, "An Overview of Appreciative Inquiry in Evaluation," *New Directions for Evaluation* 2003, no. 100 (2003): 5–22, https://doi.org/10.1002/ev.96.

15　Ewa Kacewicz et al., "Pronoun Use Reflects Standings in Social Hierarchies," *Journal of Language and Social Psychology* 33, no. 2 (2014): 125–43, https://doi.org/10.1177/0261927X13502654.

第 4 章 边界对话

1 Mark Bolino and Adam Grant, "The Bright Side of Being Prosocial at Work, and the Dark Side, Too: A Review and Agenda for Research on Other-Oriented Motives, Behavior, and Impact in Organizations," *Academy of Management Annals*, 2016, https://faculty.wharton.upenn.edu/wp-content/uploads/2016/04/Bolino Grant_Annals2016_2.pdf.

2 Linda Babcock et al., "Gender Differences in Accepting and Receiving Requests for Tasks with Low Promotability," *American Economic Review* 107, no. 3 (2017): 714– 47, https://www.aeaweb.org/articles?id=10.1257/aer.20141734.

3 这是我第一本书《相信自己：停止内耗，把情绪变成职场助力》中的一项练习，参见：*Trust Yourself: Stop Overthinking and Channel Your Emotions for Success at Work* (San Francisco: Chronicle Prism, 2021), 116– 21。

4 Charlotte Hampton, "Unhappy Workers Cost US Firms $1.9 Trillion," Bloomberg, January 23,2024, https://www.bloomberg.com/news/articles/2024-01-23/unhappy-at-work-quit-quitting-

costs-us-1- 9-trillion-in-productivity.

第 5 章　反馈对话

1　Jack Zenger and Joe Folkman, "Feedback: The Powerful Paradox," Zenger Folkman, 2015, https://zengerfolkman.com/wp-content/uploads/2019/05/EF%E2%80%94White-Paper%E2%80%94Feedback-The- Powerful-Paradox.pdf.

2　Phillip Verduyn and Saskia Lavrijsen, "Which Emotions Last Longest and Why: The Role of Event Importance and Rumination," *Motivation and Emotion* 39 (2015): 119– 27, https://doi.org/10.1007/s11031-014-9445-y.

3　Mario Pandelaere et al., "Better Think Before Agreeing Twice. Mere Agreement: A Similarity- Based Persuasion Mechanism," *International Journal of Research in Marketing* 27, no. 2 (2010): 133–41, https://doi.org/10.1016/j.ijresmar.2010.01.003.

4　Kimberly McCarthy, "An Integrated Model of Relationship Repair: Reintroducing the Roles of Forgiveness and Trust," *Journal of Organizational Culture, Communications* and *Conflict* 21, no. 1(2017), https://scholarworks.calstate.edu/downloads/sf2685799.

5　Kellie Wong, "5 Examples of How to Provide Employee Feedback for Managers," Achievers, May 31, 2023, https://www.achievers.com/blog/feedback-for-managers/.

6　Keise Izuma, Daisuke N. Saito, and Norihiro Sadato, "Processing of Social and Monetary Rewards in the Human Striatum," *Neuron* 58, no. 2 (2008): 284–94, https://doi.org/10.1016/j.neuron.2008.03.020.

7　Kyle Benson, "The Magic Relationship Ratio, According to Science," Gottman Institute, https://www.gottman.com/blog/the-magic-relationship-ratio-according-science/.

第 6 章　人脉对话

1　Taylor Lauricella et al., "Network Effects: How to Rebuild Social Capital and Improve Corporate Performance," McKinsey & Company, August 2, 2022, https://www.mckinsey.com/capabilities/people-and-organizational- performance/our-insights/network-effects-how-to-rebuild-social-capital-andimprove-corporate-performance.

2　R. B. Zajonc, "Mere Exposure: A Gateway to the Subliminal," *Current Directions in Psychological Science* 10, no. 6 (2001): 224–28, https://doi.org/10.1111/1467-8721.00154.

3　Beatrice Biancardi, Angelo Cafaro, and Catherine Pelachaud, "Analyzing First Impressions of Warmth and Competence from Observable Nonverbal Cues in Expert-Novice Interactions," *Proceedings of the 19th Association for Computing Machinery International Conference on Multimodal Interaction* (2017): 341–49, https://doi.org/10.1145/3136755.3136779.

4　Matt Plummer, "How to Spend Way Less Time on Email Every Day," *Harvard Business Review*, January 22, 2019, https://hbr.org/2019/01/how-to-spend-way-less-time-on-email-every-day.

5　Yu Kong, "Are Emotions Contagious? A Conceptual Review of Studies in Language Education," *Frontiers in Psychology* 13 (2022), https://www.ncbi.nlm.nih.gov/pmc/articles/PMC9635851/.

6　Ananya Mandal, "Researchers Find Talking About Ourselves

Triggers Sensation of Pleasure," News- Medical Life Sciences, May 8, 2012, https://www.news-medical.net/news/20120508/Researchers-find-talking-about-ourselves- triggers-sensation-of-pleasure.aspx.

7　Kristen Meinzer, "Surprise! Why the Unexpected Feels Good, and Why It's Good for Us," WNYC Studios, April 1, 2015, https://www.wnycstudios.org/podcasts/takeaway/segments/surprise-unexpected-why-it-feels-good-and-why-its-good-us.

8　Larry Dossey, "The Helper's High," *Explore* 14, no. 6 (2018): 393–99, https://doi.org/10.1016/j.explore.2018.10.003.

9　Bram P. Buunk and Wilmar B. Schaufeli, "Reciprocity in Interpersonal Relationships: An Evolutionary Perspective on Its Importance for Health and Well-Being," *European Review of Social Psychology* 10 (1999): 259–91, https://doi.org/10.1080/14792779943000080.

10　这项统计数据引自领英帮助中心一篇题为《个人资料照片可见性设置》的文章，参见 https://www.linkedin.com/help/linkedin/answer/a545557/settings-for-profile-photo-visibility。

11 Karthik Rajkumar et al., "A Causal Test of the Strength of Weak Ties," *Science* 377, no. 6612 (2022): 1304–10, https://www.science.org/doi/10.1126/science.abl4476.

第 7 章 可见度对话

1 Norbert Schwarz et al., "Ease of Retrieval as Information: Another Look at the Availability Heuristic," Social Science Open Access Repository, 1990, https://www.ssoar.info/ssoar/handle/document/6723.

2 Linda Babcock et al., "Are You Taking on Too Many Non-Promotable Tasks?," *Harvard Business Review*, April 26, 2022, https://hbr.org/2022/04/are-you-taking-on-too-many-non-promotable-tasks.

3 Jennifer Aaker, 斯坦福大学教授、行为科学家, 在一个为斯坦福 VMware 女性领导力实验室录制的视频中讨论了这一发现。参见：https://womens leadership.stanford.edu/node/796/harnessing-power-stories。

4 Greg J. Stephens, Lauren J. Silbert, and Uri Hasson, "Speaker–

Listener Neural Coupling Underlies Successful Communication," *PNAS* 107, no. 32 (2010): 14425-30, https://doi.org/10.1073/pnas.1008662107.

5 Tina A. G. Venema et al., "When in Doubt, Follow the Crowd? Responsiveness to Social Proof Nudges in the Absence of Clear Preferences," *Frontiers in Psychology* 11 (2020), https://doi.org/10.3389/fpsyg.2020.01385.

6 Dariush Dfarhud, Maryam Malmir, and Mohammad Khanahmadi, "Happiness & Health: The Biological Factors-Systematic Review Article," *Iranian Journal of Public Health* 43, no. 11(2014): 1468-77, https://www.ncbi.nlm.nih.gov/pmc/articles/PMC 4449495/.

7 R. Alexander et al., "The Neuroscience of Positive Emotions and Affect: Implications for Cultivating Happiness and Wellbeing," *Neuroscience and Biobehavioral Reviews* 121 (2021):220-49, https://doi.org/10.1016/j.neubiorev.2020.12.002.

8 Tracey S. Dagger et al., "Selective Halo Effects Arising from Improving the Interpersonal Skills of Frontline

Employees," *Journal of Service Research* 16, no. 4 (2013): 488–502, https://doi.org/10.1177/1094670513481406.

9 Mona Weiss, "Speaking Up and Moving Up: How Voice Can Enhance Employees' Social Status," *Journal of Organizational Behavior* 40, no. 4 (2017), https://www.researchgate.net/publication/321832899_Speaking_Up_and_Moving_Up_How_Voice_Can_Enhance_Employees%27_Social_Status.

10 Michael R. Parke et al., "How Strategic Silence Enables Employee Voice to Be Valued and Rewarded," *Organizational Behavior and Human Decision Processes* 173 (2022), https://doi.org/10.1016/j.obhdp.2022.104187.

11 Patrick Van Erkel and Peter Thijssen, "The First One Wins: Distilling the Primacy Effect," *Electoral Studies* 44(2016): 245–54, https://doi.org/10.1016/j.electstud.2016.09.002.

12 Fuschia M. Sirois and Timothy A. Pychyl, "Procrastination and the Priority of Short-Term Mood Regulation: Consequences for Future Self," *Social and Personality Psychology Compass* 7, no. 2 (2013): 115–27, https://doi.org/10.1111/spc3.12011.

13　弗兰克尔博士在 2020 年 7 月 14 日发表于《福布斯》杂志的一次采访中与我分享了这句话。推荐阅读她的著作《职场女性：别让这些细节绊住你》，参见：*Nice Girls Don't Get the Corner Office: Unconscious Mistakes Women Make That Sabotage Their Careers* (New York: Business Plus, 2014)。

14　Ward van Zoonen, Anu E. Sivunen, and Kirsimarja Blomqvist, "Out of Sight— Out of Trust? An Analysis of the Mediating Role of Communication Frequency and Quality in the Relationship Between Workplace Isolation and Trust," *European Management Journal* (2023), https://doi.org/10.1016/j.emj.2023.04.006.

第 8 章　晋升对话

1　Jasmijn C. Bol, Justin Leiby, and Margaret B. Shackell, "Are You Promotable?," *Strategic Finance*, July 1, 2022, https://www.sfmagazine.com/articles/2022/july/are-you-promotable/.

2　K. Ruggeri et al., "Replicating Patterns of Prospect Theory for Decision Under Risk," *Nature Human Behavior* 4 (2020): 622–33, https://doi.org/10.1038/s41562-020-0886-x.

3　Amy Wrzesniewski and Jane E. Dutton, "Crafting a Job: Revisioning Employees as Active Crafters of Their Work," *Academy of Management Review* 26, no. 2 (2001), https://doi.org/10.5465/amr.2001.4378011.

第9章　薪酬对话

1　Jenna Goudreau, "Not Negotiating Your Salary Could Cost $ 1 Million over Time," *Business Insider*, September 23, 2013, https://www.businessinsider.com/not- negotiating-costs-workers-1-million-2013-9.

2　Mary Wade, "Women and Salary Negotiation: The Costs of Self-Advocacy," *Psychology of Women Quarterly* (2003), https://doi.org/10.1111/1471-6402.00008.

3　Morela Hernandez et al., "Bargaining While Black: The Role of Race in Salary Negotiations," *Journal of Applied Psychology* 104, no. 4 (2019): 581–92, https://doi.org/10.1037/apl0000363.

4　这个说法源自1990年的电影《好家伙》，但我第一次听说这句话，是在观看2011年迈克·蒙特罗"创意早晨"演讲的时候。这句话引发了观众的强烈共鸣,而这场演讲也成为"创意早晨"有史以来最受欢迎的一场演讲。参见:https://creativemornings.com/talks/mike-monteiro—2/1。

5　此数据来自薪资调查公司Payscale的《2024年薪酬最佳实践报告》。查看相关摘要可参见:https://www.payscale.com/press-releases/payscale-2024-compensation-best-practices-report-press-release/。

6　Nancy A. Welsh, "Perception of Fairness in Negotiation," *Marquette Law Review* 87, no. 4 (2004): 753–67, https://scholarship.law.marquette.edu/cgi/viewcontent.cgi?article=1196&context=mulr.

7　J. R. Curhan et al., "Silence Is Golden: Extended Silence, Deliberative Mindset, and Value Creation in Negotiation," *Journal of Applied Psychology* 107, no. 1 (2022): 78–94, https://doi.org/10.1037/apl0000877.

8　Hakan Fischer et al., "Brain Habituation During Repeated Exposure to Fearful and Neutral Faces: A Functional MRI Study," *Brain Research Bulletin* 59, no. 5 (2003): 387–92, https://pubmed.ncbi.nlm.nih.gov/12507690/.

9　Uta Herbst, Hilla Dotan, and Sina Stoehr, "Negotiating with Work Friends: Examining Gender Differences in Team Negotiations," *Journal of Business & Industrial Marketing* (2017), https://www.emerald.com/insight/content/doi/10.1108/JBIM-12-2015-0250/full/html.

10　瓦妮莎·范·爱德华兹在其2017年的伦敦TED演讲《你具有传染性》中分享了这一统计数据，参见：https://www.youtube.com/watch?v=cef35Fk7YD8。

11　Andrew Bass, "Why Do We Gesticulate?," American Association for the Advancement of Science, July 2, 2013, https://www.eurekalert.org/news- releases/746585.

12　Vanessa Van Edwards, "60 Hand Gestures You Should Be Using and Their Meaning," Science of People, June 13, 2024, https://www.scienceofpeople.com/hand- gestures/.

13　Jinni A. Harrigan, John R. Kues, and Joseph G. Weber, "Impressions of Hand Movements: Self-Touching and Gestures," *Perceptual and Motor Skills* 63, no. 2 (1986), https://journals.sagepub.com/doi/10.2466/pms.1986.63.2.503.

14 Kristine M. Kuhn, "The Constant Mirror: Self-View and Attitudes to Virtual Meetings," *Computers in Human Behavior* 128 (2022), https://doi.org/10.1016/j.chb.2021.107110.

15 金·斯科特是《绝对坦率》一书的作者，参见：*Radical Candor: Be a Kick-Ass Boss Without Losing Your Humanity* (New York: St. Martin's Press, 2017)。但这里提到的观点出自他的另外一本著作《绝对尊重》，参见：*Radical Respect: How to Work Together Better* (New York: St. Martin's Press, 2024).

16 Amy Gallo, "Setting the Record Straight: Using an Outside Offer to Get a Raise," *Harvard Business Review*, July 5, 2016, https://hbr.org/2016/07/setting-the-record-straight-using-an-outside-offer-to-get-a-raise.

第 10 章 离职对话

1 Daniel Kahneman et al., "When More Pain Is Preferred to Less: Adding a Better End," *Psychological Science* 4, no. 6(1993): 401–5, https://www.jstor.org/stable/40062570.

2 此数据来自领英于 2017 年 2 月 6 日至 3 月 18 日对 17 个国家和

地区的15905名领英会员进行的在线调查。参见: https://news.linkedin.com/2017/6/eighty-percent-of-professionals-consider-networking-important-to-career-success。

3　Anthony C. Klotz et al., "The Promise (and Risk) of Boomerang Employees," *Harvard Business Review*, March 15, 2023, https://hbr.org/2023/03/the-promise-and-risk-of-boomerang-employees.

4　Galang Lufityanto, Chris Donkin, and Joel Pearson, "Measuring Intuition: Nonconscious Emotional Information Boosts Decision Accuracy and Confidence," *Psychological Science* 27, no. 5 (2016), https://doi.org/10.1177/0956797616629403.

5　Julie Norem and Nancy Cantor, "Defensive Pessimism: Harnessing Anxiety as Motivation," *Journal of Personality and Social Psychology* 51, no. 6 (1986): 1208–17, https://doi.org/10.1037//0022-3514.51.6.1208.

6　Paola Magnano, Anna Paolillo, and Barbara Giacominelli, "Dispositional Optimism as a Correlate of Decision-Making Styles in Adolescence," *SAGE Open* (2015), https://doi.org/10.1177/2158244015592002.

7   Will Felps et al., "Turnover Contagion: How Coworkers' Job Embeddedness and Job Search Behaviors Influence Quitting," *Academy of Management Journal* 52, no. 3 (2017), https://journals.aom.org/doi/abs/10.5465/amj.2009.41331075.

8   Maria Konnikova, "Why We Need Answers," *New Yorker*, April 30, 2013, https://www.newyorker.com/tech/annals-of-technology/why-we-need-answers.